Грише и Дине —
с самыми добрыми пожеланиями
Максимова
Boston
февр. 2012

Светлана Максимова

Кружева

БОСТОН • 2011 • BOSTON

Светлана Максимова

Кружева. Стихи

Редактор Марина Ахметова

ISBN 978-1-934881-66-8

Library of Congress Control Number: 2011942954

Published by M•Graphics Publishing
www.mgraphics-publishing.com
info@mgraphics-publishing.com
mgraphics.books@gmail.com
☏ 781-990-8778

Иллюстрации: Лана Райберг, © 2011
Дизайн обложки: Олег Михайлов, © 2011
Фотографии: Елена Филатова
Макет и подготовка к печати: Михаил Минаев

Printed in the USA

Всем, кого любила и люблю…

От всей души благодарю издателя Михаила Минаева, редактора Марину Ахметову за отклик, поддержку и профессионализм.

Моя самая сердечная благодарность художнице (и писательнице) из Нью-Йорка Лане Райберг за рисунки к книге и художнику Олегу Михайлову — за дизайн обложки; за их участие, теплоту и понимание.

Благодарна всем, кто вольно или невольно помогал появлению этой книги.

Жизнь моя течет — рифмуется,
Солнце или дождь на улице,
Капают стихи каплями,
Не спросясь, хочу ли, надо ли…

* * *

Я в зеркало смотрю,
Прищурив глаз: ресницы, бровь…
Зачем я здесь?
Понять, что есть любовь…

Русалочка

Дано любить без меры так
Весь мир земной любовью,
Что отдается каждый шаг
Мне в сердце — счастья болью.

* * *

Ни Париж мне не мил, ни другие столицы,
Без тебя мне не дышится там и не спится.
И весь мир я готова сейчас променять,
Чтоб увидеть тебя и уже не терять.

* * *

О, этот вихрь, коктейль, напасть,
Сплетенье тел, сердец биенье —
Нырнуть, как в омут, и пропасть…
И кто ж захочет пробужденья,
Когда тот сон зовется страсть…

* * *

Во сне летела я к тебе,
Как Маргарита, на метле,

И заглянув в твое окно,
Увидела другую, но

В уютной видимости дней
Ты не был все же счастлив с ней.

Смотрел в глаза мне и молчал,
А я умчалась прочь, на бал.

* * *

Больней не может быть, лишь время
Меня лишит душевной муки.
Как избежать в любви страданий…
Мне не понять такой науки.

И если даже от ожогов
Живого места в сердце нету,
Опять оно поет любовью,
К ней вовсе нет иммунитета.

Когда судьба изменит планы,
На чувства кто-то мне ответит,
То заживут на сердце раны,
И боль умрет в потоке света.

Гадание

Вечер —
Крещенье,
свеча,
зеркала…
«Покажи судьба
Кого привела…»
Звук шагов твоих,
На плече рука,
Сердца стук затих,
И дышать никак…
Тенью в зеркале
Лишь твое лицо,
И звенит с руки
На полу кольцо…
Пронеслась уже
Бурных лет река,
Но свободна все ж
От кольца рука.

* * *

Выйду в поле, в росу утром ранним,
Не вернуть все, что было — прошло…
Пусть та память тебя, что так ранит
В сердце тает с туманом, и манит
Новый день, чтоб в душе рассвело…

* * *

«… — Жень, а когда люди поют?
— Ну… когда, на демонстрациях поют,
в опере, когда выпьют — поют…
— Нет…
— Когда нет слуха и голоса?
— Балда, они поют, когда они счастливы…»
«Ирония Судьбы или с Легким паром»

Мы пропели, как хотелось
Все, что в голову пришло:
Про кусачую собаку, у которой жизнь не ах,
Про улыбку, Буратино, про лошадку в облаках,
И про то, что долгой ночью ждать кого-то так темно…
Я подумала: «Споемся… если будет нам дано…»

* * *

Жаркое свидание, постель,
С винным смешан чувственный коктейль…
Утро бросит тень от занавески,
И тогда все станет неуместным:

Кофе и ненужность душных слов —
Крах несуществующих основ.
Что останется — витиеватый слог
Все вместит в короткий эпилог.

* * *

Какою путницей усталою
Шагнула я на твой порог.
Зимою снежной я оттаяла,
Ты, сам не зная, мне помог.

В свой дом впустил меня, заблудшую,
А впрочем нет — сама вошла
Такие встречи — дело случая,
Мне захотелось вдруг тепла.

Я столько лет спала в забвении,
Забросив в брак от счастья ключ,
Прося лишь Бога о спасении,
Оно пришло как солнца луч.

Чудесно было пробуждение —
Вернулись звуки, краски, мысли…
А разве ты не слышал пения
Моей души в тот праздник жизни?

Весною звонкою я вспомнила —
Мне не в неволе прозябать,
Что родилась я птицей вольною,
И в жизни мне дано летать.

Лечу туда, где травы дикие,
Навстречу лету, жизни, полю,
Свобода, а не жизнь безликая —
На то пусть будет свыше воля.

Прощай, мой друг, мы будем жить…
Тебя зовут твои дороги,
Лишь мне судьбу благодарить,
Что в дом к себе впустил тогда,
А не оставил на пороге…

* * *

Как удивительно дано
Двум душам, вопреки сознанью,
Увидеть то же сквозь окно
Из разных точек мирозданья…

* * *

Не будет больше от тебя письма,
Уже не жду звонка в надежде скорой встречи,
И день заполнила глухая пустота,
И невозможно бесконечен душный вечер,

И даже ночь, прикрыв все тьмы крылом,
Не сможет мне помочь унять тоску немую —
Быть может где-то, в том шатре ночном,
Давно зовешь единственной другую…

* * *

Забудь, меня уж прошлой нет —
Исчезла в безызвестность.
Твой номер вычеркнут — «delete»,
С ним ты и вся нечестность.

* * *

Как ты там? Хоть кто-то греет душу?
И тепло ль тебе у этого огня?
Я спросила так, на всякий случай,
Если ты вдруг помнишь про меня…

* * *

Мне небо индиго
звенит с высоты —
ты, ты, ты, ты…
Ему отвечает
мечтами земля —
я, я, я, я…
И вторит им жизнь,
возрождаясь из тьмы —
мы, мы, мы, мы…

* * *

Несмелый взгляд, касанье рук,
Сердец взаимный перестук…
И только эти двое знают:
Слов нет — здесь молнии сверкают.

* * *

Мы заблудились, как ромашки в поле,
Мы заблудились каплями в дожде,
Переплелись, совпали звуками симфоний,
Нашли друг друга, заплутав в судьбе…

* * *

И вовсе я тебе не пара,
И разные у нас дороги,
Но страсти не унять пожара,
Но нас ведут друг к другу ноги.

И разум терпит пораженье,
Пред чувством отступая вновь.
И исчезают все сомнения,
Когда ту страсть зовут любовь.

Попытка старинного романса

Я Вас люблю. Последнею попыткой
Пусть будет встреча наша, ну и пусть
В вишневой шали выйду за калитку
И растворю я в поцелуе грусть.

Ведь только раз бывает в жизни встреча,
И я акации душистой гроздь
Туманным утром даже не замечу,
Когда в прелестном вальсе кружит гость.

В крови горит еще огонь желанья,
И напоследок я скажу: «Друг мой,
Я это место тайного свиданья
Не позабуду в час мой роковой.»

Я вспомню это чудное мгновенье:
Ласкал нежнейшим плюшем ночью плед,
Горела нам звезда, как провиденье,
Светил костер в тумане прошлых лет.

* * *

Надо просто тебя мне забыть.
Надо жизнь начинать мне сначала.
Не вернутся мечты из вчера,
Лишь пойму, что другою я стала.

Плачет дождь беспрестанно с утра,
Подпевая унылому сердцу,
Но настанет другая пора,
И закроется в прошлое дверца.

И однажды почувствую я,
Что смогу без тебя — обойдусь,
И, что даже вдруг встретив тебя,
Лишь спокойно тебе улыбнусь…

* * *

Зачем ты ищешь встреч, зачем стучишь
В ту дверь, которая почти закрыта,
Не скажешь больше уж, не промолчишь,
Все в прошлом, и с тобой мы, вроде, квиты.

Уже все ясно: быть или не быть —
Вопрос решен, к чему все вспоминать нам,
Ты ж как соломинку пытаешься схватить
Лишь шлейф от ускользающего платья.

Тебя тревожит свет в моей двери,
Закрыть ее пока что не угодно Богу,
Ее лишь время мягко затворит,
А нас по разным разведет дорогам.

* * *

Недо-говорила,
Недо-написала,
Недо-подарила,
А ведь так желала.

Недо-целовала
Губы в губы жадно,
И недо-молчала
Тишины отрадной.

Недо-утолила
Все свои печали,
Вдоволь лишь страданья
Я в любви встречала.

Небыли и были
В сердце сохранила,
Только жаль — могла бы,
Но недо-любила.

* * *

За что мне это счастье и беда:
Любить тебя, но знать, что никогда
Мы не пойдем одной с тобой дорогой,
Что одиночества удел убогий
Уже маячит призраком, и я
Должна познать с ним тайны Бытия.

* * *

Как ливнем вдруг тропическим захвачена,
Иль поездом я сбита на ходу,
Вся независимость моя утрачена —
Из плена чувств я выход не найду.

* * *

Опять уходит из-под ног земля,
И блекнет мир от горького отчаяния —
Нет снова мне ответа на любовь,
И я, смирясь, приму обет молчания.

Я промолчу, что на волне с тобой
Мне намечталось счастье так непрошено,
То, что горит сейчас огнем в груди,
Все будет пеплом густо запорошено...

Захлопнет створки мой ларец любви,
И спрячу я его от глаз твоих подальше,
Чтоб не нашел, зови иль не зови...
Моя душа в любви не терпит фальши.

* * *

Прошла любовь —
останись ревности следы,
Как будто не было тебя,
а только эхо злой беды.

* * *

Правила сломаны, простыни смяты...
Души не стонут уже, а кричат...
Сделать назад шаг — кругом виноваты —
Тоже ведь будет для них сущий ад...

Поздняя встреча — расписаны судьбы.
С чувством не справиться — мы на краю.
Скажут «прощай» пересохшие губы —
Как на закланье себя отдаю.

* * *

Мой милый друг, меня уж не зови —
Я не вернусь к твоим объятьям страстным,
Утихли все желания в крови,
Жар спал, и стало мне все просто, ясно:

Тебя прельстил мой образ, а не суть,
Тебя лишь краски яркие манили —
Трофеем в упаковку завернуть
Меня нельзя. С твоей харизмой, силой

Не засидишься долго ты угрюмо,
Роман наш вспомнишь, не взгрустнув об этом —
Мой профиль в юбке узкой, шлейф парфюма
И дым моей душистой сигареты...

* * *

Прошли года, как мы расстались…
Ты скажешь: «Нет, лишь сорок дней…»
И я пойму, что мне остались
Поминки по любви моей.

Романс

Переливаясь гранями души,
Всплакну опять слезой напрасной,
Добравшись вдруг до той, что так прекрасна,
До той, что не услышал ты в тиши.

Ломая старый лед, течет река,
Река любви в стремлении без края
И если гранями душа играет,
Не удержать ту реку берегам.

И наполняясь светом каждый миг,
Река в движеньи новой гранью ранит,
Пусть ты ушел, любовь лишь не обманет,
Ее я вижу просветленный лик.

Как утешенье, Господу: «Скажи…
Такая боль, она ведь не напрасна —
Пришла любовь, любовь, что так прекрасна,
И стала мне огранкою души».

* * *

«Я его приняла случайно,
За того, кто дарован тайной…»
А. Ахматова

Самолета крылья —
взлет,
Континенты, облака —
вниз,
Мне казалось,
что ты был тот,
Получилось —
судьбы каприз.
Так банально…
и мечты — в прах,
А любовь?
Навечно — в облаках.

* * *

Я поверила в верность объятий,
Закружилась в спирали мечты,
И почудилось белое платье
Сквозь весенних деревьев цветы.

А потом раскаленное лето
Выжгло все до пустынной тоски.
Испарился мираж мой моментом,
И остались одни угольки.

* * *

Опять, опять спешить, бежать,
Тебя любить, тебя обнять,
И лет прошедших не считать,
О том, что будет, не гадать,

Не строить планы о пустом,
Не воздвигать иллюзий дом,
Не подрезать крыло на взлете,
Не тормозить на повороте,

Душою в радость воспарить
И просто жить, и просто жить...

* * *

Ну что сказать тебе, мой милый, на прощанье,
Когда пути расходятся — все ложь.
Мы мечемся в агонии отчаянья,
Но правды, как не бейся, не найдешь.

Давай отпустим мы друг друга с Богом,
Хоть прошлое еще тревожит нас,
И каждый пусть пойдет своей дорогой,
Но будем благодарны в этот час

За то, что повстречались в этой жизни,
Что были счастливы и будем вновь.
И не смотри в глаза мне с укоризной —
Мы оба не уберегли любовь.

* * *

Туманным утром воздух дышит,
Роняет осень лист прощальный.
И звук любви твоей все тише —
Уже не манит обещанием.

Зовут тебя твои дороги,
И вихрь мечты уносит вдаль...
И пусть тебя хранят все Боги,
Моя любовь, но не печаль.

Тепло душе в воспоминаниях,
И не прервется эта нить —
В земной любви через страдания
Все Мирозданье полюбить.

* * *

Я люблю тебя сейчас
Так пронзительно, так страстно,
Что, мне кажется, напрасно
Я на свете родилась...

* * *

Я столько лет не слышала тебя,
Я не хотела верить в неизбежность.
Ты не любил, надеялась лишь я,
Растопит лед моя любовь и нежность.

* * *

Смогу простить тебе обиды
И не-любовь, и не-звонки,
Смогу простить тебе, что видел
В глазах счастливых огоньки.

Смогу простить, что без ответа
Жила любовь в душе моей,
Не сразу ты сказал об этом,
Надежде дав лететь вольней.

Лишь мотылек последней встречи
Все бьется, как в стекло, в груди,
Был полон страсти этот вечер,
Как будто все сошлись пути.

Мне так хотелось прикоснуться —
Слепое счастье, так бывает...
А ты невольно отшатнулся:
Захлопнул мне ворота рая.

* * *

Я так благодарна тебе
За все, что случилось со мной...
За то, что ты есть, и за то, что такой...
За нашу любовь, вдруг упавшую с неба,
За то, что живу вновь,
И за быль, и за небыль...

* * *

Хочу сказать тебе: «Прощай…»
И пожелать всего хорошего.
Но мысль мелькает невзначай:
«Как буду жить с такою ношею?…»

Без рук твоих как проживу,
Без взглядов как, насквозь пронзающих,
Без поцелуев наяву,
Меня никак не отпускающих…

И как смогу я враз забыть
Улыбку, смех, привет в сети,
Твое стремление любить,
Сметающее годы на пути…

* * *

В твоем существовании себя влачу,
Я обманулась и летать я не хочу,
Как в катастрофу, в странную любовь попав,
Иду-бреду, пути не разобрав.

* * *

Я проживаю все опять:
Не сметь тебя обнять — терять,
Как кровь по капле, свет надежды
И жизни серые одежды
Вновь обреченно примерять…

Неравная любовь

Неравная любовь. Я — старше, ты — моложе.
О, сколько ей вокруг преград —
Опошлят, оболгут ее, но все же
Их вдребезги крушит один твой взгляд.

В глазах твоих тону и пропадаю,
Мне ночь — не ночь сейчас, и день — не день.
И хоть немыслимо в твоих объятьях таю,
На сердце у тебя я вижу тень.

Неравная любовь. Свободен ты. Я — нет.
Как миг короткие свидания.
И каждый шаг для нас — и трудность, и запрет.
Мне остается только ожидание…

И ты решил, житейские преграды
Не в силах поломать и превозмочь,
Все потому, что чувств тебе не надо —
А мне они пульсируют сквозь ночь.

Любовь сметает все противоречья,
Любовь на все свой даст ответ.
Пусть не взаимна — время раны лечит…
Неравная любовь.Тебя люблю. Ты — нет.

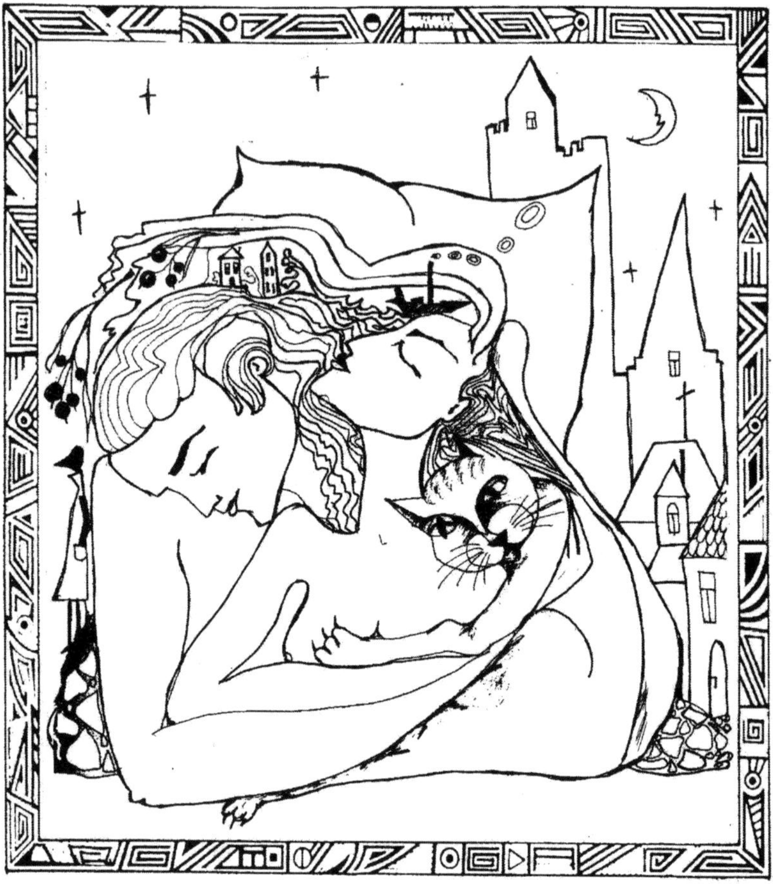

Незабудка

Я помню все до мелочей,
От самой первой встречи до последней фразы…
И все мои метания в ночи…
Возможно ль это все забыть мне сразу?

Твои мечты мне показать весь мир,
Противоречий встречи полные накала…
А помнишь ли, как под твоей рукой
«Твоя лишь венка» так дрожала?

Мне не забыть французское:«je t'aime…»,
Как ты любил меня, любовь в душе тая…
Я не забуду — буду жить я с тем,
Что мой ты, «незабудка» ты моя…

* * *

Я так хочу с любовью мир обнять,
И, растворившись в нем,
Все вновь с тобой начать,
И на руках ребенка нашего качать…

* * *

Как мне хочется похлопотать,
Наготовить чтоб все, рано встать...
Чтоб ты ел, улыбаясь, и солнце светило,
И чтоб тихое счастье наш дом посетило.

* * *

Замела бы дороги метелями,
Окружила б тебя тишиной,
Сторожами поставила б ели я
Охранять твой душевный покой,

И накрыла бы трапезу лунную
За бескрайним небесным столом,
Чашу счастья, как море бездонную,
Я внесла в одинокий твой дом.

И укутала ласково облаком,
Обняла бы теплом вечеров,
И напела тебе колыбельную
Песней ветра степного без слов...

* * *

Она любила утро —
Ему был нужен вечер.
Он жил один как будто —
Ее манили встречи…

* * *

Во всем сама я виновата:
Поверила твоим губам,
В надежность рук и честность взгляда —
И счастье улыбнулось нам.

Дарить себя мне — как дышать,
Люблю — и океан мне мал,
Решил: не сможешь все принять —
Не выдержал ты и пропал.

Тебе казалось, лучше знаешь,
Какое счастье мне нужно,
Но ты совсем не понимаешь —
Оно в тебе заключено…

А из прошлого катится эхом опять:
«То, что нужно тебе — не могу тебе дать…»

В День Рождения

В январе трещат морозы,
На окне узоров вязь.
Раньше я, чем по прогнозам —
Под Крещенье родилась.

Он, конечно, торопился
И летел что было сил,
Но немного припозднился
В срок Архангел Гавриил.

У него важна задача,
Интересней чтоб нам жить,
Над губою ставит метку
При рождении: «все забыть».

Сколько жизней проживали
Мы до этой — и не счесть,
Нам до времени не нужно
Помнить вовсе, кто мы есть.

А со мною приключился
У него такой конфуз:
Слишком поздно прикоснулся —
Что-то вспомнил карапуз.

Исправляя упущенье,
Посильней нажал он там,
Вместо ямки получился,
Хоть и симпатичный, шрам.

И поэтому не спится
С детства мне ночной порой:
Что-то помню, и тревожит
Шрам над верхнею губой.

* * *

Я могу быть разной:
Быть веселой — грустной,
Глупой и серьезной,
Письменной и устной.

Быть могу нарядной,
Яркой и бурливой,
А могу — обычной
И неторопливой,

Ласковой и нежной —
Если сердце просит,
Твердой и упертой —
Если жизнь заносит.

Быть могу я мягкой —
Или вдруг колючей,
Уютной и домашней —
Иль сексуально жгучей,

Любящей опасно,
Роковой? Наверно…
Преданной безмерно
И до гроба верной…

И меня с годами
Точно не убудет,
Только знай, что скучно
Никогда не будет.

* * *

Ах, какая благодать,
Вновь по книжкам погулять...

Окунуться в прозу судеб
И волшебного стиха,
Соучастницей темнеет
Ночь, пронзительно тиха.

Трогать хрусткие страницы
И вдыхать их книжный дух,
Узнавать знакомых лица,
Фразами лаская слух.

Откровеньями напиться,
Будто исповедь принять...
Разве может «web» — страница
Мне таким же другом стать?

Томик мамою подписан
К дню рожденья моему,
Он был столько перечитан —
Вновь его я обниму.

Там топорщится закладкой
(Помню, словно все сейчас)
Книжка — друг, когда не сладко,
Помогала мне не раз.

Вот карманного формата
Лирики затертый ряд,
Всех сердечных дел услада —
Знаю строчки наугад.

И компанией такою,
Близкою мне, как семья,
Погулять люблю, не скрою —
Снова книжки, ночь и я.

* * *

Ах, Анна Андреевна, может ли быть?
Так с Вами легко обо всем говорить,
И душу терзает похожая страсть...
Хоть только ушли Вы, а я родилась.

* * *

Согласием несочетаемых вещей,
Я будто жизнь чужую проживаю,
И кажется, на сцене нет меня вообще,
Я лишь закадровую роль играю.

* * *

Господи, пожалуйста, ну скажи, не слышу я,
Почему случается, что всегда я — лишняя?
Где же тот, с которым мы встретимся в течении
Так, чтоб в жизни выпал нам гений совпадения?

* * *

Забилась в клетку,
Словно загнанная птица,
Моя душа,
Захлопнув дверцу
И надеясь отсидеться
Не спеша.
Болит и плачет,
И так хочет вновь попасть
Домой,
Найти тот путь,
Который приведет ее
В покой.

* * *

За жизнь свою привыкла к боли я,
Она мне стала как подруга близкая.
Боюсь я счастья больше, чем огня,
В нем утонуть, пропасть, сгореть, не выстоять.

Мне крыльев, что растут в любви, размах
привычней укротить — летать пониже,
Чтоб не подняться к солнцу в небесах,
И рухнуть вниз, там крылья опаливши.

Когда-нибудь, сквозь страхов всех туман,
Взлечу к свободе против всех течений,
И буду жить, как чайка Джонатан,
Поняв, что в жизни нет ограничений.

Змейка

Читала: в гороскопе я — змея.
И видимо под этим звездным небом
Все решено уж было за меня —
Мне не судьба прожить насущным хлебом.

В раздумьях цепенею, и сомнения
В реальности того, что вижу я,
От холода людей я за мгновения
В анабиоз впадаю, как змея.

Не так уж важен слух мне, да и зрение,
Одно лишь сердце мне как сенсор служит —
Ловлю тепло людское, душ их пение,
Не смогут здесь помочь глаза и уши.

Мне, наблюдая жизнь и дней течение,
Для счета календарь совсем не нужен:
Веду в душе времен я исчисление
По ранам в сердце и по смене кожи.

Не жалует змею молва людская:
Все говорят, опасной может быть.
Я ж больше компромисс предпочитаю,
Ну, если мне на хвост не наступить…

Я, видимо, другой породы змейка —
Не научилась я кусать, шипеть, душить.
А вот в любви — коварная злодейка,
Любовным ядом рада отравить.

* * *

Разделилась жизнь моя,
И это — без вопросов,
На то, что было до тебя
И то, что стало после.

И стихи о прежних днях
Как сквозь землю сгинули,
Будто старые друзья
Навсегда покинули…

* * *

Я не хочу опять попасть на остров одиночества,
Оттуда хочется сбежать, не глядя на пророчества,
Такие там дожди, насквозь тебя пронзающие,
И колкие ветра, всю душу выдувающие.
Такая там пустыня — без окраины,
И солнце в ней, сжигающее до окалины.

* * *

Москва,
вокзал,
плацкарт,
билет,
Под стук
колес,
пока —
привет.

* * *

И сбросила я кожу, как змея.
Последней шкурке было много лет,
Она была мое второе «я»,
Сидела, как подогнанный корсет.

Пришла весна, и стало грудь давить —
Дышать никак от старого обхвата.
И с кровью мне пришлось тогда сдирать
Все то, в чем так нуждалась я когда-то.

Какой костер из скрюченных остатков
Того, что прошлое хоронит навсегда!
Я в пламени сверкаю, как загадка,
Как вновь рожденная в небесной тьме звезда.

Вот свежий воздух наполняет грудь,
И жизнь зазывно перспективой манит.
Что было? Расскажу когда-нибудь...
Все-все во мне останется как память...

* * *

Ты думаешь,
что я погибну
и пропаду,
Что я к тебе
повесив голову
приду,
И у меня такая
в мир распахнута
душа,
Что я не выживу —
не стоят чувства
и гроша.
Но я-то знаю,
меня судьба хранит,
ведет —
Какой бы резкий
ни случился
поворот,
Светит вечно
маяк — источник,
в моей груди,
Он поможет,
укажет путь,
куда идти.

* * *

Под Новый год одна, в квартире на 9-ом этаже.
И время меньше давит, растворившись в массе
Снежинок — их поток накрыл весь мир уже,
И погасил шумы центральной трассы.

Совсем немного — и прервут молчание
Звонки, начнут и звать, и поздравлять…
Я этот миг чудесный — ожидание
Хотела, стоя у окна, поймать.

Москва пустеет за секунды, и в итоге
Стихия начинает править бал.
Лишь двое у машины на дороге
Шампанское пьют, праздник где застал.

Целуются, а ветер раздувает
Полы пальто. Путь замело давно.
Их во Вселенной время затеряет,
Но им сейчас, конечно, все равно…

Я с ними, до двенадцати считая,
На разделительной стояла полосе —
Ты не пришел… что ж, будет жизнь другая,
Я в Новый год вступаю, как и все.

* * *

Понимаю, я у грани:
Стоит дверь легко открыть
И взглянуть в глаза сознанью —
Ему нечем будет крыть.

Громкий шепот, как удар —
Откровение пророчества,
Я приму уже как дар
Обреченность одиночества.

* * *

Придумала другую жизнь, как в пьесе,
И реплики подробно расписала,
Я увлеклась, запутавшись в процессе,
И потеряла, где всего начало.

Цыганка

За рукав поймала на Тверской цыганка
Встретились глазами — стало ее жалко...
«Расскажу, что было, ну и как все будет —
Позолоти ручку — с тебя не убудет.»
Я дала «с походом», я тогда не знала,
Сбудется все точно, как она сказала...

* * *

Счастливые моменты —
изгибы жизни расписной,
Как за руки держались,
а дождь лил просто проливной...
Тогда казалось счастью
конца и края в мире нет,
И сердце пело, как сейчас,
а было мне шесть лет.

* * *

Пробежаться вновь по лугу
И упасть — лишь неба высь...
И в мечты свои как в детстве
Прочь отсюда унестись...

* * *

Душистым зноем день в полях растекся,
Хмелеет голова от пьяных трав,
И, кажется, совсем растопит солнце
Все скоро в свете. Звуки все собрав

В единый звук звенящей тишины,
Покоем счастья дышит вся природа...
Храню картины детства я, как сны —
Они мне греют сердце год от года.

* * *

Млеет день в теплых солнца лучах,
Тянет спинку пятнистая кошка,
А цветок одинокий зачах,
Позабытый на донце лукошка.

Сорока

Ах ты, пестрая сорока,
Растрезвонишь все до срока,

Тайны леса разнесешь
Ты — недорого возьмешь.

Только шаг услышав мой,
Весть несешь: «В лесу чужой!»

Вот взметнулись с веток птицы,
Хвост мелькнул в кустах лисицы,

И пустился со всех ног
Бедный заяц наутек.

Распугала всех ты зря —
Я в лесу давно своя.

Что с тебя-болтушки взять —
Только дай пострекотать.

* * *

Деревня манит в детство
простором Волги вдаль,
Простым укладом в сердце,
как водится, как встарь.

И бабушка смеется —
морщинками лицо,
И ведра у колодца,
в витой резьбе крыльцо,

Коровы колокольчик,
вечерней дойки звук,
Теленочек у стойки,
и жалобное «му-у».

А в доме переборки
и русской печки жар,
И в уголке — иконка,
на кухне — самовар,

И запах сенокоса —
горячая пора,
Грибы, и ноги босы,
и молоко с утра,

Горбушка хлеба с солью,
и книжка, и гамак…
От этой сладкой боли
не убежать никак.

Вновь к облакам взлетая,
в воспоминаньях плыть…
И где бы ни жила я,
мне это не забыть.

* * *

Туманами, да росами,
Да грустными березами,
Осталась в сердце милая,
Родимая земля.

Я помню леса шорохи,
Закатов в небе всполохи,
Овсяно-васильковые
Бескрайние поля,

Избы дух, дым над трубами,
Деревню к Волге — срубами,
И солнца луч в глазах моих
Восторгом молодым…

Ужель все только грезится,
А жизнь моя — нелепица,
Бежит и тает в облаках,
Как над трубою дым?

* * *

Полосками рябых в лесу березок
Далеким перепевом петухов
Качнулся день из детства и стал резок
Так, что увидела я россыпь мхов,

И клюкву красноватую в лукошке,
И ощутила терпкость духа трав...
И муравья, бегущего в ладошке,
Я отпускаю, не лишая прав.

Мои 70-десятые

Цок-цок — каблучки,
мини — юбка дразнит,
У подъезда бабушки —
«Какое безобразие...».

Не до них, для нас важнее —
брюки-клеш, помада,
И «пойдет ли он на танцы?...»,
так узнать нам надо.

Маме

Каждый год в твой День Рожденья
ландышей душистых цвет,
Ты так любишь их, и снова
я несу тебе букет.
Трудно выразить словами
чувства, что растут в душе,
Не подходят к ним красивых
и избитых фраз клише.

Поистерлось вдруг с годами
наших возрастов различье,
Повзрослела я, душою
молодая ты, о личном
Мы как близкие подруги
можем говорить часами
И не важно, ночь иль солнце
улыбается над нами.

Даже расстояния вовсе
нам с тобою не помеха —
Километры сквозь от шутки
будем умирать от смеха.
Нас звонки соединяют —
ждем их, ведь мои приезды,
К сожаленью, как когда-то
бывших пятилеток съезды.

Пусть сегодня очень редко,
так хочу к тебе прижаться
Чтоб запрыгал вновь из детства
в сердце мой кусочек счастья.
И нырнуть в воспоминанья —
это наша с тобой мекка,
Заблудиться в них, как раньше —
в стеллажах библиотеки.

Предков фотографий ворох
мы разложим, как в пасьянсе,
Каждому найдем по ветке
дерева- семьи альянсе.
Чтоб когда-нибудь потомки
посмотрели, как мы жили,
Важно, чтоб они друг друга,
как и мы всегда любили.

Папе

Здравствуй, папа, я пришла,
Враз оставив все дела,
Времени замедлив прыть,
Я пришла поговорить.

Захотелось рассказать
Все тебе от Аз до Ять,
И порадовать успехом,
И прогнать тоску со смехом.

И печалью поделиться —
За твоим плечом укрыться,
И сидеть до темноты,
Как просил когда-то ты.

Ты прости, что год от года
В отпуск ждал меня всегда,
А меня манили, звали
Поважней, казалось, дали.

Я вот рюмочку налью,
Вновь про море напою,
Вспомню твой задорный смех
И как ты колол орех…

Мотоцикл свой продал,
Чтобы в доме Бах звучал,
Пианино то, «для дочки»,
Выручило меня очень…

Как любил ты говорить:
«Надо языки учить,
Ты уедешь далеко,
И там будет нелегко…»

И не счесть историй — много
Памяти хранят дороги,
Поброжу по ним с тобой
Я до «склянки» на отбой.

Каждый твой приезд я помню,
И душевные застолья,
Как гордился мною ты,
И о будущем мечты.

Ведь твоя во мне есть жилка,
Как упрямая пружинка,
И умею ждать — века,
Я ведь дочка моряка.

Лишь один вопрос стучится,
От него никак не спится...
Как тогда произошло,
Что ты берег не нашел?

Мог ты просто — быть-не быть,
Волгу на спор переплыть,
Может быть, вода, любя,
Навсегда взяла тебя?

Лишь могильный холмик где-то
Будет мне немым ответом...

6 авг. 2004

Рыбинск

Серенький домишко, серенький вокзал,
Куцее пальтишко, а в душе накал.

А в душе тревога: что ждет впереди,
Принесут ли счастье рельсами пути?..

Только через годы я вернулась вновь,
Чтоб услышать волны волжских берегов,

Вновь пройти на площадь сквозь гостинный двор
И увидеть шпилем в золоте собор,

Как встает на крылья белый «Метеор»,
Чаек бесконечный и крикливый спор,

Простоту покроя арками моста
И понять, как ранит эта красота...

В солнца конопушках маленький рыбак,
Памятником грустным рядом с ним бурлак...

Как же дорог сердцу маленький мирок,
Где ласкает слух мне волжский говорок...

Из провинций город самый мне родной,
Где хранят могилки предкам их покой,

Где воспоминанья греют сердце вновь —
Город, где оставила первую любовь.

* * *

Детства двор: асфальт щербатый,
И деревья разрослись,
Как-то куце и покато
Свесились балконы вниз,

Нашей лавочки уж нету,
Где сидела детвора.
Мне кричала мама: «Света,
Спать иди, домой пора!»

Уходить так не хотелось —
Столько разных игр мы знали,
Нам смеялось в детстве, пелось,
Мы дружить не уставали…

Двор хранил все наши тайны:
Нос разбитый в драке, крик
Победившего отчаянно,
Первого свиданья миг…

Изменилось все в округе,
Да и нас уж не узнать:
Вот ведет моя подруга
Внука за руку гулять.

Разметало нас по свету —
Улетели кто куда.
Редко в прошлое заедем,
Чехардой бегут года.

С временем бессильна спорить...
Памятью сквозь толщу лет
Лишь храню я детства дворик,
Как под стеклышком секрет.

* * *

В лентах с бубенцами тройка,
Снег пыльцой из-под копыт —
Это Масленица бойко
К нам румяная летит.

И веселою частушкой,
Смехом, горкой ледяной,
И блинами, и гармошкой
Нас уводит за собой.

Нам уроки отменили —
Небывалый был мороз,
Но зато гулянья были —
Отморозила я нос.

Валенки, тулуп дубленый
И платок — пуховый шар:
Ставит баба раскаленный
Паром-жаром самовар,

Скоморохи прибауткой
Зазывают, и один
Светит ярко, не на шутку,
Масленичный солнца блин.

Предвесеннее гулянье
Или проводы зимы —
Живо в нас воспоминанье,
Что язычники все мы.

* * *

Часы с кукушкой на стене
Кричат из детства снова мне —
Ку-ку
По ним училась я считать
Тот час, когда пойду я спать —
Ку-ку
А утром бой будил меня
В начало следующего дня —
Ку-ку
Не забывала я опять
Им шишки — гири поднимать —
Ку-ку
Кукушка час прокуковала,
Когда пора любви настала —
Ку-ку
И тикали часы беспечно,
А мне казалось, это — вечность —
Ку-ку
Когда ждала я с Ним свиданий
Или в дни долгих расставаний —
Ку-ку
Сломала я часы тогда,
Спросив кукушку о годах —
Ку-ку

Она не знала, эка жалость,
Как долго жить мне здесь осталось —
И замерла на звуке «Ку...»
С открытым клювом — ни гу-гу...

Кукушка добрым знаком стала,
Года считать я перестала.

* * *

И если вдруг спросишь ты,
сколько мне лет,
Всегда есть «в кармане» готовый ответ.
И это не паспорт —
туда не смотри.
Мне было, и будет, и есть –23.

* * *

Пишу стихи? Ну что ж такого?
Ведь я земная, право слово —
Проста в быту, легка в подъеме,
Люблю друзей, застолье в доме,

И борщ к обеду наварю,
И чувство юмора ценю,
И рюмочку могу принять,
И на работу встану в пять.

* * *

День мой кубарем летит,
прыгает, как мячик,
И осталось мне одну
выполнить задачу —
Знаю я один простой
с ветчиной салатик,
Все ингридиенты есть
в доме, очень кстати.
Вскрыть мне для него пришлось
ананасов банку,
Сок остался, делать что?
Выливать же жалко…
И, забыв что надо мне
поберечь фигуру,
Закрутила кексик я
новой рецептуры.
Из яиц одни желтки
в тесто бодро вбила…
А куда же деть белки?
Ну… в безе — решила.
Кожуру лимона в них
я натерла быстро,
Но остался сам лимон
без покрова — «лысый».
Чтоб он тут же не засох,
из него, как надо,
Выжала я свежий сок
в соус для салата.
А в салат люблю я лук,
только чтоб немного,

И пол-луковицы лишь
нарезаю строго.
С половинкой делать что? —
В соус для спагетти!
Из томатов пасту я
открываю — вот ведь,
Снова мучает вопрос:
Что с остатком будет?
В холодильник вновь нельзя,
пропадет — забуду.
Надо в борщ употребить —
это вовсе просто,
Свекла есть, да вот беда —
не нашлось капусты.
Я помчалась в магазин,
заодно купила:
Колбасу, селедку, соль,
скатерть, тапки, мыло...
Приглянулась мне как раз
к креслу в цвет накидка,
И прокладок пачки три
я взяла (по скидке).
А потом, заехав в банк,
чек на счет вложила,
Из химчистки взять костюм
рядом заскочила,
Фотографии забрать,
брюки из починки,
Булочки для завтрака,
укроп с кинзой — на рынке.

Еле дотащила все
это от машины,
Борщ сварила, и не помня
истинной причины.
Что осталось после уж
и не замечая,
Села на диван тихонько
я с горячим чаем —
Телевизора экран,
улица стемнела...
Дура! И зачем же я
сока пожалела...

* * *

«Я понял, в чем ваша беда. Вы слишком серьезны. Серьезное лицо — еще не признак ума, господа. Все глупости на Земле делаются именно с этим выражением. Вы улыбайтесь, господа, улыбайтесь!»
Г. Горин «Тот самый Мюнхаузен»

Лет пять иль шесть тогда мне было...
Я помню, бабушка учила —
Ее урок, длиною в жизнь,
И не сравним ни с чем по силе —
«Проснулся утром — улыбнись...»

Кружева

Бабушка за прялкой говорила мне,
Что когда-то было кружево в цене.

Тонкая работа — кропотливый труд,
Ведь часами пальцы с ниткою снуют

И рождают сказку дивной красоты,
Где живут ажурной вязкою цветы.

Мастерицы навык терпелив, не скор,
Будто выплетает из души узор.

Так же, как и в жизни, кружит нить судьбы:
Взлеты и падения, радость и мольбы,

Ведь у каждой жизни есть своя канва,
И неповторимы эти кружева...

Хочется мне рифмой складывать слова,
И плету свои я мысли-кружева.

Кружевом вплетаются в косу времена —
В одинокой жизни буду не одна...

Мне любовь сплетает кружевной платок,
Сохраняя в сердце теплый уголок.

Тем платком хочу я всех успеть согреть,
Чтоб спокойно можно было умереть...

И душа взметнется в срок свой к облакам,
В кружеве их снова явится Богам,

Тело мое ляжет, что почти уж прах,
Тихо, по традиции, тоже в кружевах.

* * *

Который день стучится птица мне в окно,
А ведь не холодно на улице — тепло.
Стучится птица и зовет меня. Куда?
Помочь кому-то, у кого стряслась беда?
Стучится птица — не дает спать по утрам,
Торопит, будто знает, что пора...

* * *

Эх, душа моя, милая душенька,
Как же ты разболелась, подруженька...
Что ты ищешь все, что ты мечешься,
От тоски своей не излечишься...

В прошлой жизни своей, бедолага, ты
Недовыла ты, недоплакала,
Вот теперь и любишь, страдая,
Вековой свой грех искупая...

* * *

Лежу без сна который день, который век...
И лунные дороги
Не могут указать мне путь, а мой ночлег
Затерян так, что знают только Боги.

Скитаюсь без времен и без ветрил —
В теченьи неземном не слышно стона,
И неразгаданною тайною храним
Мой путь, как будто завязь у бутона.

* * *

Ну что опять ты прицепилась,
Спать не давая столько дней?
Что хочешь чтоб во мне открылось,
Что нужно от души моей?

Кто я — лишь Мирозданья точка,
Всего лишь пыль с небес полей.
А ты твердишь: «В тебе источник, —
И убеждаешь — лишь испей...»

* * *

В сумбурных мыслях, рифмах,снах тревожных
Иная сущность пульсом в сердце бьет,
И кажется, лишь шаг неосторожный —
В реальность мне дорога пропадет...

* * *

Печальницей я на крылечке жизни
Сижу, но манит даль всегда
В поля, где звезд мерцанье чисто,
Куда я возвращаюсь сквозь года.

Как много я домов уже сменила,
Их изучив до самых уголков,
Но все-таки влечет меня та сила,
Не терпит что ни стен и ни оков.

И каждый дом по-своему прекрасен,
Лишь даль полей тревожит за окном
В ночи, но день делами гасит
Мечты, их оставляя мифом, сном.

Я знаю, что не счесть домов на свете,
И мне не важно, где приют найти,
На этой ли божественной планете,
В иной ли чудно созданной дали.

И, подходя к порогу жизни снова,
Я путь ищу, ведя с собою спор:
Скажу ль когда-нибудь в душе — я дома,
Иль неприкаянный продолжу разговор...

* * *

Я в правильное время родилась —
Хотелось очень мне опять, не скрою,
Все чувства в этом мире испытать
Неугомонной древнею душою.

* * *

Вдохнуть хочу тот день, когда однажды
Стрелой с небес Любовь влетела в грудь,
И восхищалась я мгновеньем каждым,
Сомненьем не тревожил новый путь,

И тайна жизни подбиралась к сердцу,
Там трепетала плача и смеясь,
И, распахнув забытую мной дверцу,
Я из туманов к свету поднялась —

Как рухнул водопад в пустыне жажды,
Заговорили шорохи земли,
И я увидела, как в почке каждой
Жизнь бьется пульсом. Мне уже зажгли

Вдали Вселенной малое созвездье,
Куда меня когда-то призовут…
Чтоб я прошла земной дорогой с честью,
Я поняла, хранят меня и ждут.

* * *

Я научила жизнь не прекословить,
Я научилась, падая, вставать.
Корабль судьбы с любой волною спорит —
Ведет его маяк душевного настроя
И Ангелов моих небесных рать.

* * *

Раньше все встречала больше,
Как работала в раю —
В свете приходили души
И являли суть свою.

Новорожденный дарован
В этот мир и в эту плоть,
Так как не разочарован
В людях до сих пор Господь.

А теперь все провожаю
И последний вздох ловлю,
И глаза им закрываю,
А о душах лишь молю...

* * *

Людей все чаще провожаю в их последний путь,
И за руки держу — и рук тепло их тает…
И невозможно за завесу эту заглянуть,
Лишь чувствую, как души улетают…

* * *

О, Господи, зачем, куда бреду?
Скажи, кого послал ко мне навстречу?
Как хочется мне верить, что беду
Я не несу и судьбы не калечу.

Толкает время колесницу споро,
Потери собирая. Что скажу,
Смотря себе в глаза с немым укором? —
У смерти повитухою служу…

* * *

Впадаю я опять в отчаяние
И лишь живу по умолчанию…
Так хочется всю боль забыть,
Как быть мне? Нужно просто жить…

Вставать и делать все, что надо,
И время принесет награду —
Все соберется понемногу,
Я буду жить и верить Богу…

* * *

Устала… нет уж силы боле —
Бегу, как будто кто неволит,

И подгоняю дни. И скачут
Года с надеждой на удачу

Десятками, щелчками в счетах.
А я все жду и жду чего-то…

* * *

Надеюсь, что мозги замрут, поспят,
Но нет, они вибрируют, горят.
И капли сна мне мысли не дают:
Приходят и тревожат, и снуют —
Устроили мне в голове погром.
Я соглашаюсь с ними, чтоб забыться сном.

Восточный ветер

Восточный ветер налетел опять
И растревожил запахом свободы,
Припомнив что-то, кровь пошла гулять,
Проснуться дико норовя сквозь годы.

Когда-то игом вековым принес он мглу
На Русь, умчался, нагулявшись по полям,
Оставив мне высокую скулу
И странную тоску по лошадям…

* * *

Я не могу никак угомониться,
И в доме, некогда любимом, не сидится,
Не тянет якорем всех благ земных уют —
Терзания души покоя не дают.

Я не хочу крутиться в танце
каждодневной суеты,
Осуществляя жизни вроде бы моей
и вроде бы мечты.

Понять бы тонкие душевные теченья
И в чем заключено мое предназначенье…
Куда влечет меня мой внутренний поток,
Что так силен, и где ж его исток?

* * *

Пестрят вновь листья разноцветьем
И опадают, как года,
Сквозь взлетов миг и лихолетье
Куда ведет нас жизнь, куда?

Лишь улыбнется, не ответив,
Судьба, прищурив хитрый глаз,
И закружит, как листья ветер,
И унесет — не спросит нас.

* * *

Смотрю на жизнь, как на рассказ —
То удивит она подчас,
А то закружит в вихре судеб
И, кажется, не приголубит...

Смотрю на жизнь, как на поэму —
Душевного порыва тему,
Где все любовные оттенки —
Стихами акварель на стенке.

Смотрю на жизнь, как на балладу —
И пересказывать не надо,
Все помню до последней точки:
Все запятые, многоточья...

Смотрю на жизнь, как на интригу,
На непрочитанную книгу,
Где вдруг открытая страница
Взлетает в небо, словно птица...

* * *

Моя жизнь то тропкой вьется,
То дорогою летит,
То на горку заберется,
То равниною лежит.

То возносится до солнца,
То потом с обрыва — вниз,
И до самого до донца:
«Если можешь — то держись!»

Я люблю ее такую,
Мне себя не обмануть.
Лучше всех жить не хочу я,
И не колея — мой путь.

По привычке строю планы,
Но судьба меня мудрей:
Все изменит так нежданно —
Лишь смотри, не оробей.

* * *

Бьет наотмашь ускореньем время,
Распинает на своем кресте,
Думаем, что судьбы мы изменим,
Припадаем, как к груди, к мечте.

И в убогом нашем измерении
Нам не дотянуться, чтоб понять:
Та мечта уже в судьбы плетении,
И не повернется время вспять.

* * *

Как мне объять всю жизнь мою земную,
Ее открытий пеструю тетрадь...
Я каждый шаг в пути, любя, смакую
И предвкушаю поворот опять.

По небесам тоску я не могу отринуть,
Взлетев до них, стремлюсь к земле опять.
Чтоб жизни горизонты вновь раздвинуть,
Позиции никак нельзя сдавать

Нам, тем, кому неведомой причиной
Приходится земным делам служить,
Кто наделен души единой силой,
Тот смело может жить и говорить:

«Мы не простые винтики Вселенной —
Мы воины ее передовой,
И для того, чтобы была она нетленной,
Неведом будет нам вовек покой».

* * *

Извини, как всплеском по воде,
По совсем уж успокоившейся глади,
Вспомнилось, вскручинилось во мне
То, чем я жила, или жила я ради

Лишь мечты? Да, оглянулась я,
Встав на полосу дороги взлета,
Но уже готова — прочь земля,
Летной будет для меня погода.

И нельзя меня остановить,
Даже если катастрофа грянет.
Стрелку компаса не манит так магнит,
Как меня дорога эта манит.

* * *

В вате снега облаков
Пробирается украдкой
Самолета огонек,
Звездочкой горит, загадкой.

И как в жизненном пути
Даль туманами объята,
Только в сердце огонек
Нас зовет, ведет куда-то.

* * *

«Я люблю тебя, как соль» — сказала принцесса из французской народной сказки своему отцу. Король разгневался на такое неуважение и изгнал дочь из королевства. И лишь потом, оставшись без соли, он сумел осознать ее истинную ценность, а заодно и глубину дочерней любви.

Заходит на посадку самолет,
Красиво крылья распластав по небу,
И кажется, меня там кто-то ждет,
Как Грэй — Ассоль, как соль для хлеба.

* * *

Как жаль: ломать в душе — не строить,
Как жаль: терять — не находить.
Не знаю, делая шаг в пропасть,
Как в будущем придется жить?

Пугает риском неизвестность,
И манит прошлого покой,
Но вот пропала в жизни резкость —
Я не могу жить в ней такой...

* * *

Воздевши руки-ветки к небесам,
Стоят в мольбе немой за нас деревья,
Они другие слышат голоса
И просят у Богов за нас прощенья.

Услышать бы нам эти разговоры,
Небесный перешепот их бесед,
Пропала бы вся надобность в раздорах,
И беспардонности исчез бы след.

* * *

Дождик с крыши — кап-кап,
Говорит мне: «Так-так,
Загляни ты в душу,
Что ты хочешь — слушай…

Ведь не важно, что мы
Видим здесь глазами,
А важнее, что мы
Сердцем просим сами…»

Спрашивает дождик:
«А живешь ты так ли,
Бегаешь по кругу,
Иль пьешь жизнь по капле?»

В Москве

«И вот когда горчайшее приходит:
Мы сознаем, что не могли б вместить
То прошлое в границы нашей жизни…»
А. Ахматова

Без сна стучится сердцем ночь —
В Москве опять, и время поменялось.
Пытаюсь разноданность превозмочь,
Прислушиваюсь, что во мне осталось

От тех времен, когда жила я в унисон
И с этим городом, и с этою страною,
А вспоминается былое, словно сон,
Как будто все случилось не со мною.

Спешила в равноподданной толпе,
Вынашивая вновь свои мечты и планы,
Преуспевая радуясь в немой борьбе…
Куда-то мой азарт сегодня канул.

Соотношением чего сопротивляется во мне
И смешивает в ком противоречий
Все чувства, что устроились на дне
Души, и, мне казалось, что навечно.

И общность языка не делает своей,
Смотрю и так обидно за отчизну.
Болит душа, до самых до корней,
Не для меня уж этот «праздник жизни».

Клуб холостяков

«Разве бывает запланированное счастье?... Не-а... Как скушно мы живем... ...В нас пропал дух авантюризма, мы перестали лазить в окна к любимым женщинам...»

«Ирония судьбы или С легким паром»

Ты с друзьями солидарен —
Не желая вновь оков, вы
Взяли и образовали вместе
«Клуб холостяков».

В наше время все проблемы
Можно враз решить сполна.
Не нужна для этой цели
И законная жена.

Стирка, глажка и уборка
«Easy» — глазом не моргни.
И поесть вам приготовят —
Только кошельком тряхни.

Ну вот встал вопрос насущный,
Как бы вам найти ответ,
Ведь без женщин, как известно,
Жить нельзя на свете — нет.

Да, опять головоломка:
Хочется, конечно, встреч,
Но подумать надо крепко
Как себя предостеречь...

Чтобы «dating» был удачным
Не хотелось бы метаться,
И, конечно, в идеале
Далеко бы не мотаться.

А еще, вообще-то, круче
Заключить на время «lease».
Тут по-честному все будет,
Ну и минимальный риск.

Если что не получилось,
Ну бывает — не сошлись:
Год, два три — контракт закончен,
Разбежались — разошлись.

Да, идей, наверно, много
В ваших головах роится...
От излишней нервотрепки
Вы хотите защититься.

Все вы сможете продумать,
Но ничто вас не спасет,
Если влюбитесь однажды —
Не поможет вам расчет.

Глобализация

Накрыла, как волною,
Наш мир глобализация,
И все смешалось вместе:
Культуры, речи, нации…

Уже для нас на свете
Ни стран, ни родин нету,
И стала отчим домом
Для всех нас мать-планета.

Сметают расстояния
Нам интернет-страницы,
С любого континента
Летаем, словно птицы.

И тем опасней стали
Дефолты, революции…
Где б это ни случилось —
Всем эхом отзовется нам.

Но если даже с карты
Совсем стереть границы,
Тем войн не остановишь —
Нам мир лишь будет сниться.

Когда же люди вырастут,
Дойдут до понимания,
Что им сначала нужно
Глобальное сознание?

Что без границ им надо
Друг друга полюбить,
И лишь тогда мы сможем
Планету сохранить.

* * *

Я заглянула в озеро отчаянья,
Я заглянула в озеро беды.
Печаль сопутствует познанию:
И жертва, и убийца — ты.
Все горе мира — в моих глазах,
Все слезы мира — в моих слезах...

* * *

Цветет магнолия, Христос воскрес,
И невозможно дотянуться до небес...
Считаем дни с его мы Рождества,
Но своего не побороть нам естества,
И, изучая жизнь его со всех сторон,
Пока не понимаем, кем был он...

* * *

Душа моя пугливым олененком
Метнулась и затихла — влажный глаз,
Листочком на ветру трепещет только,
Проста и одинока — без прикрас.

* * *

Мне кажется, во всей Вселенной нашей
Земля устроена, чтобы хранить Любовь.
Ох, не разбить бы нам волшебную ту чашу,
А то не соберем осколки воедино вновь.

* * *

Мы айсберги в огромном океане —
Так видимы под солнцем вариации,
А что таит вода — порой не знаем —
Процентов девяносто информации.

Шахматы

Мы как в шахматы играем:
Шаг вперед — и шаг назад.
Мы как будто понимаем:
Нам обоим будет мат.

Жизнь, как шахматное поле —
Черно-белые пути.
Будешь думать поневоле:
«Если тронул — то ходи».

Правила игры похожи:
«Руку отнял — сделан ход».
Как же жить ты дальше сможешь?
Ведь нельзя наоборот.

Замер ты, совсем как в клетке,
Если что, то очень ловко
(В шахматах с ладьею вместе)
Сделать в поле рокировку.

А ведь лучше, если будет
Кто-то рядом в том пути.
Ведь известно: много легче
Поле вместе перейти.

У меня есть предложенье
Правила игры сменить,
И усилья по решенью
Всех проблем объединить.

Не сломить нас будет пешкам
Бодро рвущимся вперед,
Хоть они и смогут в спешке,
«На проходе» сделать ход.

Буквой «Г» несутся кони,
Прямоходные ладьи,
И слоны в диагонали…
Что нам сделают они?

И не сбить нас будет вовсе
Никаким в пути теченьям,
Лишь хочу в одном вопросе
Сделать мини- уточнение:

«Ты ходи направо, друг мой,
Не ходи, милый, налево..
Будешь верный ты Король мой,
А я — Королева».

* * *

Не просчитывай, не надо
То, что знать нам не дано.
Будет в будущем награда,
Если сбудется оно…

* * *

«Послушай: далёко, далёко, на озере Чад
Изысканный бродит жираф»
Н. Гумилев

Ты убегаешь в заросли сознанья,
Туманною завесой оградясь,
И красочной души твоей желанья
Там умирают сразу, лишь родясь.

Я, как замерзшее стекло в морозы,
Дыханием пытаюсь отогреть
Тебя, чтоб сквозь шипы увидел розы,
Мечте своей к свободе дав лететь.

Как показать тебе просторы мира,
Поведать сказки неба и земли,
Что шепотом стихов и звуком лиры
Давно приют в душе моей нашли.

Не веришь ты, что посвятят все звезды
Тебе блистательных лучей парад,
Что отыскать себя в душе так просто —
Лишь делай то, чему ты будешь рад.

И ты, у сердца мудрость познавая,
Сбежишь из плена грусти и тревог,
Я буду ждать, ведь жизнь — она без края,
Не запирайся только на замок.

* * *

Чем дольше я живу, тем тверже в мнении,
Что у меня в любви несовпадения.

Любима многими была, и что же?
Не разделяла я их чувства все же.

Когда сама сгорала я от страсти,
Предмет любви сбегал, как от напасти.

А где-то по земле, как невидимка,
Моя по жизни бродит половинка...

Там, наверху, когда нас разделяли,
То далеко по свету разбросали.

Но верю: в ленте жизненного круга,
Наткнемся мы когда-то друг на друга.

Я буду ждать, вы мне поверьте,
Пусть встреча будет на пороге смерти.

* * *

Май месяц — все цветет опять,
И сыну завтра — 25-ть...
И не могу поверить в это —
Как будто все вчера лишь было,
Полжизни как поток проплыло...

Снегурочка

Родилась зимою я
Под сосновой лапою,
И Мороза с детства я
Называла папою.

Мать-весна вплетала мне
Пенье птиц в косицы,
Оттого весною мне
Так шально не спится.

Вольный ветер качивал
Колыбель мою,
И сейчас свободную
Песнь его пою.

Вся природа дивная
Мне — как дом родной,
Только глядя в небо я
Не найду покой.

Солнца раскаленного
Тянутся лучи,
Я хочу согреться в них,
Так, что хоть кричи.

И прошу я небо
Солнце дать тепла,
Ведь в любви когда-то
Мама родила.

Дать любви прошу я,
Той любви земной,
Что прекрасней нету…
Слышу я: «Постой,

Жар любви опасен
Для тебя, мой друг,
Как полюбишь крепко,
Так растаешь вдруг».

Выбор был недолгий —
Я любви хочу,
Пусть за страсть сердечную
Жизнью заплачу!

И спустился сверху
Благодатный луч,
Улыбнулось небо,
Глядя из-за туч:

Сердце пусть оттает
Лишь в груди, а ты
Расцветешь, как в мае
Первые цветы.

И прими на счастье
Ты один совет:
Все в твоей лишь власти —
Жить в любви иль нет.

Слушай свое сердце,
А не всех подряд —
Не всегда бывает
Так, как говорят...»

* * *

И миг, и час, и день, и год...
Для нас хранит лишь время ход.
Как трудно осознать: в его значении
Живем мы только в этом измерении.

* * *

Протри глаза, взгляни на этот мир
Своей души незамутненным взглядом,
Совсем не сатана здесь правит пир —
Мы сами руководствуем парадом.

И каждому решительно дано,
Что выбрать в ежедневном праве,
Навстречу свету распахнуть окно,
Или примкнуть, как тень, к зловещей славе.

* * *

Себя не слышим и не верим,
И крик души нам нипочем.
Желаем отпереть все двери
Мы силы доллара ключом.

* * *

Пустые полки, пятилетки, демонстраций стяг…
А мы кричим, что было все не так,
И в памяти храним мы лишь хорошее…
Как нелогично дорого нам прошлое.

* * *

Зачем я становлюсь мудрее,
Ценю надежность очага?
Ведь и душою не старею,
И хочется еще шагать

Вперед. Оседлостью стреножить
Меня не сможет правил свод,
Но… я сама себе их множу.
Душой живу наоборот.

* * *

«...О, как я поздно понял,
Зачем я существую!
Зачем гоняет сердце
По жилам кровь живую.
И что порой напрасно
Давал страстям улечься!..
И что нельзя беречься,
И что нельзя беречься...»
Давид Самойлов
«Давай поедем в город...»

Я жить не могу, словно мышь в уголке,
И душу держать на голодном пайке.
Шагать в полрывка и дышать вполовину?
Без чувств, без любви, без эмоций я сгину.

Зачем мы все здесь? Чтоб таиться в подполье,
Боясь испытать все полеты и боли?
Лишь сердце открыв, мы границы разрушим.
Что толку жить так, чтоб беречь свои души?!

И что в окончаньи игры будем помнить,
Когда перед Богом мы все станем ровней?
Низвергнутся враз социальные страсти,
Богатство, престиж, уважение власти...

А душам запомнится каждый наш шаг,
Чего мы достигли и, главное, — как.
Все чувства они сохранят без прикрас
И чудо — любовь, поразившую нас.

Останутся добрые наши дела,
Хоть чаша при жизни казалась мала...
И гимном звучит устремленное в вечность:
«Не надо беречься! Нельзя нам беречься...»

* * *

Пока еще я здесь, и будоражит
Хождение по острию ножа,
Но ближе, ближе уж момент, что скажут:
«Не стоило все это и гроша».

И обобщением с годами чаще
Охватывает душу странно грусть,
А частности пугают разум фальшью,
Хоть и пытаюсь я найти в них суть.

* * *

Зависла в лепестках цветка калибри —
Цветок дает нектар легко ей сам.
Когда находишь в жизни эквилибриум,
Мед в рот течет — не только по усам

* * *

«Я утратил всякие надежды относительно будущего нашей страны, если сегодняшняя молодежь завтра возьмет в свои руки бразды правления, ибо эта молодежь невыносима, невыдержанна, просто ужасна»

Гесиод — ок. 720 г. до н. э.

«Эта молодежь растленна до глубины души. Молодые люди злокозненны и нерадивы. Никогда они не будут походить на молодежь былых времен. Младое поколение сегодняшнего дня не сумеет сохранить нашу культуру».

(цитата обнаружена совсем недавно на глиняном горшке, найденном среди развалин Вавилона. Возраст этого горшка — свыше 3000 лет.)

Так интересно наблюдать, как дети
Растут и делают шаги по жизни, но
Они чуть-чуть мудрее нас, об этом
Мы знаем — им уж многое дано.

Ворчим порой, что все не так, как было,
Стара проблема эта — ей века,
Но им от нас нужна одна лишь сила —
Любовью живы все мы здесь пока.

Пусть пробуют, ошибки совершая
Свои, и учат свой урок,
Пусть их дороги солнце освещает
И каждый шаг в пути им будет впрок.

И времена сменяют поколения,
Любовь родителей храним мы как наказ,
Вдруг осознав, что каждое мгновение
Вселенная, любя, глядит на нас.

* * *

Как воплощенье это пережить
И колкие осколки его сгладить,
И жить не болью — лишь любви служить,
И просыпаться только жизни ради.

Вновь умирая, возрождаться в свет,
Любить не за, а вопреки ответу,
Когда-то данный сохранить обет
И ничего не ждать взамен за это.

* * *

Налетело настроение — тучка:
Дождь пролился горькими слезами.
И унять пытаюсь я плакучесть,
Ивою клонясь под образами.

Теплотой, намоленной веками,
Окружает старая иконка,
А потом я залечу стихами
Часть души, где порвалось, где тонко…

* * *

Бывают дни чернее ночи,
В рутине дел лишь пустота,
И одинокость в сердце хочет
Найти усидчивей места.

Вокруг бежит, не иссякает,
И бьет ключом людской поток,
А ты стоишь в нем, как чужая,
Изгоем, отбывая срок.

* * *

Вот и все — отзвенела, отплакалась
Разноцветной капелью весна.
Сколько раз я в грехах своих каялась
И черпала из чаши сполна…

Вновь на небе ни тучки, ни дождичка,
Все цветет, и душа улеглась,
Успокоилась где-то на облачке,
Настрадавшись, намаявшись всласть.

* * *

Былых времен веселья не догнать,
Года бегут, наматывая срок,
И лентой грусть вплетается опять —
Я здесь, как все, учу земной урок.

Чем ближе избавление от оков,
Тем более наш мир творений дорог,
И хочется сюда вернуться вновь,
Когда закроется незримый полог.

И жажда жизни мучает меня,
Я пью взахлеб — и не могу напиться,
Жизнь будет вечно — знаю, но сия
Уж больше для меня не повторится...

* * *

Картами по одиночеству —
разложу из рукава,
У судьбы своей пророчества
подсмотреть, пока жива...

Четки

Не пишу сегодня прозу,
Не ложится стих в душе,
А сидит внутри занозой,
Что мне сорок лет уже.

Переломно-переборный
Возраст мой — ни дать, ни взять.
И, как четки, годы вольно
Стану я перебирать.

Щелкну косточкой — и детства
Луч мелькнет — счастливый путь,
А вторую трону — юность
Бросится шально на грудь.

Сын родился — греет сердце
Бусины тепло в руке,
Материнская частица
Там навечно в уголке.

И обнимет душу нежно
С высоты любви полет...
Не считаю ран да трещин —
«Все до свадьбы заживет».

А потом историй ворох
Так закружит, так завьет,
Да таких, что бусин четок
Нужно не одну на счет.

Прошлое со мной флиртует,
Трогает собой слегка,
Но, по фильму, жизнь стартует
Только после сорока.

И уже торопят четки:
«Снова бусину возьми»
Мне вперед, я знаю четко,
Далеко до ста восьми…

* * *

Задует ветер перемен и приобнимет,
Чтобы сошлись в одно пути времен,
Любить и быть в ответ любимой —
Увидеть солнце с двух сторон…

* * *

Закружил снегопад впереди, позади —
Никуда от себя не уйти, не уйти…

Заметает следы: не найдешь, не найдешь,
Я бреду — ветер мне: «пропадешь, пропадешь…»

От себя не сбежать сквозь снежинок пургу,
Но зато от тебя, может быть, убегу…

* * *

И что мне делать, как мне жить на свете этом,
Когда в душе такая боль, тоска и пустота?...
Молчание лишь будет мне ответом...
И одиночество сжимает все в груди и гложет,
Ведь тот, кто нужен мне, меня никак понять не может...

* * *

Из прошлого навеяло — вздохнуло все в душе,
Иду одна по берегу к реке я неглиже...
Вокруг сверкают молнии в ночи, дождь проливной
Смывает, что потеряно — уносит боль с собой..

* * *

Дом, камин, мерцают свечи,
И уютом дышит вечер,
Только мысли в тишине
Не дают покоя мне...

Шепчут, что земной достаток
Мне не будет вечно сладок,
И мечтой меня влекут
В мир, где ждет души уют.

Далеко летят отсюда,
Говорят: «Поверь лишь в чудо,
Счастье будет, не грусти,
Все, подруга, впереди»...

Зеркала

Как бы ни любила ты,
как бы ни ждала,
Все глядят унылые
в душу зеркала —
По кому тоскуешь ты,
по кому поешь,
По кому пригоршнями
соль слезами льешь?
Что ему глаза твои
и сердечный жар,
Он другим уж все твое
счастье обещал.
Нет в его душе тепла —
лишь один расчет,
И ведет как лошадям
по зубам он счет.
Он пока не знает,
что такое страх,
Вдруг прозреть над прошлым
жизни в зеркалах.

* * *

Какая муха укусила?
Зачем к тебе тогда пришла?
Любви в ответ не получила...
Да и с собой не принесла...

* * *

Кровавым небо полоснул закат,
Спалив макушку леса в одночасье.
Вдруг вспомнилось, как ты был мне не рад,
Мне болью отзывалось безучастье.

Судьба, без нас свершив переворот,
Все изменила, к счастью иль к печали:
Тебя ко мне магнитом жизнь влечет,
А у меня уже другие дали.

* * *

Кружит счастье в душе утром ранним,
Весть впорхнула пером голубиным —
Мне воркует голубка на ставне:
«Будет встреча сегодня с любимым...»

Щурит солнце лучами сквозь листья,
Знойный день занимается, но
Так воркуется вестнице — гостье,
Так танцуется в сердце шально...

* * *

Как звук, мелодией гоним,
Низвергнут с нот высоких,
Ты был единственным, моим,
А стал одним из многих.

* * *

Уж осень дохнула в окошко,
Повис паутинки гамак,
И спрятала нос моя кошка
Под муфтою лапок. Впросак

Опять мотыльки попадают —
Стремятся на свет фонаря,
Наивные. Просто не знают:
Не только светло от огня...

И ночи уже холоднее,
Короче становятся дни.
Быть может, забуду скорее
Теперь обещанья твои...

* * *

Листом осенним опадают мысли,
И на душе становится тепло...
Скажи, как быть мне, милый,если
Былые дни стучатся...
Мне слышится опять их звук —
Ты вновь со мною вместе,
И вересковый мой мундштук...

* * *

Ослепительно-нещадно солнце льется с высоты,
И сгорают в этом пекле сумашедшие мечты.
Выгорят дотла желания придорожною травой,
И исчезнет наконец-то столь любимый образ твой…

* * *

Не попрошу любви. Ведь дело не в кольце.
Ты не поверил мне — ни в соловья, ни в розу.
И для порядка в шахматном твоем дворце
Принцесса представляла лишь угрозу.

Я не хочу узнать, что соблазнишь себя
Обманным поцелуем за гроши.
И королеву в царстве назовешь, любя,
И счастием упьешься от души.

Устроив быт, уют, что ты так ищешь, вдруг
Поймешь, лишь крохи счастья у подруги милой.
Пресыщенно пуста душа твоя, мой друг,
И станет так тебе все враз постыло.

Я за тебя молю, пускай пройдут года,
Но в счастии своем ты б не столкнулся с этим,
Пусть как ты хочешь, только никогда
Из сказки песенка не прозвучит ответом:

«Ах, мой милый Августин,
все прошло, прошло, прошло…»

* * *

Как внезапно в душе тишина наступила…
И куда я спешила весь день, я забыла.
Я забыла тревоги рабочего дня,
И что «Мерс» на дороге подрезал меня,
Я забыла, что лето окрасилось в осень,
И что ты так легко мне «прощай» вчера бросил…

* * *

Не собираюсь голову тебе морочить тем,
Что никогда не будет мне в ответ взаимно.
У каждого из нас и так полно проблем,
И каждая из них вполне интимна.

* * *

Облака по небу —
неспешно,
неспешно.
Я тебя забуду —
конечно,
конечно.
Все, что разорвется
срастется
когда-то,
Только слов пустых мне
не надо,
не надо.

* * *

Чуть воздух приморожен винный,
И замер звук в тиши полей,
Краснеет гроздьями рябина,
И стайка птиц висит на ней.

Мысль о тебе приходит, тает,
Как выпавший недавно снег,
Как капли ягод исчезает,
И птицей упорхнет навек.

* * *

Отпустила меня боль, отпустила,
Я осенним журавлем загрустила.
Остаются без любви лишь пустоты,
Звуком — эхом не заполнены гроты.

Водопадом отшумело то чувство,
Без которого становится грустно.
Быстротой реки торопится время,
И уже ничто во мне не изменишь.

* * *

Скучаю по любви — по яркому восходу,
По ощущению, когда ее трепещут всходы…

Скучаю по любви, как по зениту счастья.
Когда душа поет, ей не страшны ненастья.

Скучаю по любви — по тихому закату,
Что, опалив меня, покинула когда-то…

* * *

Пахнет прелою листвою
И морозец холодит,
Я б хотела жить тобою —
Сердце больше не велит.

Осень, сбросив одеяния,
В черно-белый фильм поблекла,
И мои переживания
Превратились в горстку пепла.

* * *

Я от тебя с трудом трезвею,
Дурман любви вина пьянее…
И не хочу в реальность вновь вернуться,
Чтоб правдою ее не обмануться…

* * *

Роман мой канул в лету,
Исчезнув как роса,
Переплетаясь где-то,
Остались голоса.

Их шепот еле слышен,
Как шорох шлейфа платья,
И память эхом тише —
Не жмут ее объятья.

И вскоре звук последний
Замрет в беззвучной ноте,
Как тихий лист осенний
Спланирует в полете...

* * *

Случился первый снег сегодня,
И вдруг в момент все посветлело,
Исчезла из души печаль,
И струнка вновь внутри запела.

Что скоро-скоро Новый год,
Как в детстве будет пахнуть елка,
И чудеса он принесет
Под бой часов шампанским колким.

* * *

Я от него бежать устала,
Но не могу я и к нему.
Как расставания начало
Иль завершение всему.

* * *

Симфонией торжествовала
Та мысль, что будем вместе мы,
Как увертюра, как начало,
Весной цвела после зимы.

И вариации затем переиначив,
Из джаза сразу все их собрала,
Переливаясь саксофона плачем,
Ударом рока сметена была.

Теперь лишь отзвуками предыдущих арий
Звучит задумчивый гитарный перебор,
Всплакнет она романсом — далее
Чтобы затих последний в нем аккорд.

* * *

Свежий морозный ветер в лицо…
Ну и чего я не знала?
Вот и вернулось к тебе то кольцо —
Так же как ты я устала.

* * *

Кружатся, падая с небес, снежинки,
Мгновенье веселятся на ветру
И, тая, превращаются в слезинки,
Которые с ресницы я сотру.

Дрожат в великолепьи временном,
Пропав, вновь появляются из тьмы,
Неповторимы, виртуозно слеплены,
Несутся в танце жизни, как и мы…

* * *

Я смотрю, как вьюга за окном
Кружит снегом и узорит елки,
Я смотрю и думаю о том,
Жизнь порой строптива, как поземка.

Кажется, конца и края нет
Этим пораженьям и невзгодам,
Крутит, вертит, точно снег идет,
Заметая прожитые годы.

* * *

Смотрю на небо — воздух синий,
И звезд рассыпан хоровод…
Непререкаемая сила
Меня по жизни к ним ведет.

* * *

Забралась мне в сердце без причины
Тихая бесформенная грусть,
Сплин московский, русская кручина…
Видно знаю, скоро я умчусь

Сквозь туманности, далекие созвездия,
Через узкость горлышка времен
Я, влекомая исходной вестью,
Окажусь на грани у сторон.

* * *

Умытый мир сверкает солнцем,
После дождя, и капли с ветки,
Но меркнет все, когда придется
Вдруг усомниться в человеке…

* * *

Ветер дунул — полетели
Вниз, считая этажи
Все мои бумажки- мысли,
Как осколочки души.

* * *

Судьба ведет нас всех по кругу
С лукавой на губах улыбкой.
Не буду милою подругой,
А стану лишь мечтою зыбкой.

Случайность неслучайной встречи...
Какие учим мы уроки?
Родным двум душам путь намечен —
Не могут дать всего нам Боги.

Ловить твоей души дыхание
И неприкаянной ходить,
Твой горький вздох — своим отчаяньем,
Как эхом в сердце находить.

Как мне молить об утешении,
Чтобы не быть твоей тоской,
И как погладить так веселием,
Чтобы пришел к тебе покой?

Ирония: без предисловья
Ты можешь, как никто, понять.
Мы говорим без многословья,
И души жаждем открывать.

Но той любви, чтоб раствориться,
Я не могу тебе отдать.
Лишь нежности позволь излиться,
Чтобы твою печаль обнять.

Полнолуние

Вновь как ветер за окном
Воет одиночество,
И к кому-то так душой
Прислониться хочется…

Встану я — еще темно,
Подойду к окошку,
В небе — лишь фонарь луны,
Дома — я и кошки.

* * *

Здоровый образ жизни помогает мало,
И в зеркале глаза глядят устало…
Быть может, как Хайям, вина хлебнуть
И от реальности на время улизнуть.

И волнами накатывают строчки —
Ох, не пророчьте мне, прошу, ох, не пророчьте…
И будто теплыми руками держат душу,
Беззвучно говорят во мне:«послушай…»

И я стараюсь растворить барьеры эти,
Но в то же время жить на этом свете…
Под утро все спадают покрывала,
И в зеркале опять — глаза устало…

* * *

Уходят люди... боль проходит — все вранье,
И горя тенью черных платьев воронье.
Зияют пропастью потери, пустотой,
Правдоподобной нереальностью немой.

Лишь лента времени закрутит вновь виток
И снова даст живой воды испить глоток,
Воспоминаньями вздохнув по прошлому,
Я буду помнить... буду помнить все хорошее.

* * *

Хочется забраться под одеяло,
Зарыться в строки мудрых книжек.
Опять мир рушится...
Чего мне мало?
Господи, слышишь, так вразуми же...

* * *

Горчинка в сердце остается
От непредвиденных потерь,
Когда надеешься на солнце,
А получаешь хмурый день.

Когда болит потеря, гложет,
Но заживает наконец,
То в сердце лишь остаться может
Незабываемый рубец.

Но иногда потери — раны,
Как настоящая беда,
Так глубоки, страшны и рваны,
Кровоточащие всегда.

Горчинка вскоре рассосется —
Не будет видно и следа,
Рубец с годами приживется,
Лишь раны в сердце — никогда.

Миле

Стонет, прогибается береза,
И скрипит под ветром старый дуб,
На глаза накатывают слезы,
И не попадает зуб на зуб.

Осень разом сбросила одежды —
Обнажила, что боюсь сказать…
Лишь могу последний лист надежды
Я суровой ниткой привязать.

Я пришла в твой дом, хожу по этажам — тишина…
Дом, в котором все твое, где ты была, где ты нужна.
Понимаю, не восполнить этой нам вовек пустоты,
Потому что все, что здесь — это ты…

Смотрю, как ты смотрела, на весну,
Уж лету не согреть тебя в объятьях...
И чувствую в своей душе вину,
В шкафу твои перебирая платья...

Сегодня я сказать не побоюсь:
В линейности текущего есть плюс...
Лишь время прошлое увековечит,
И чет цветов изменит нам на нечет.

Ты за меня была в тревоге,
Мне же казалось, все — слова,
Ну что сказать тебе... во многом,
Во многом ты была права.

Мне, повернув изнанку, время
Явило суть. Тебя уж нет.
И хоть все сразу не изменишь,
Живет со мною твой совет.

Щелкнув пальцами, судьба
Враз меня переменила,
Ты безвременно ушла —
Годы на меня свалила.

Стала бабушкою я —
Поворот несчастья ручки,
И твоя семья — моя,
И мои — твои все внучки.

Кате и Соне

Ну какое это чудо —
Глаз доверчивый распах,
И кокетливая челка,
И косички в волосах.

Звонкий смех, курносый носик
И капризов легкий миг,
Непростой про секс вопросик
Сразу ставящий в тупик.

Ах девчонки вы девчонки,
Куклы, юбки, ленты...
Детство — это жизни нашей
Дивные моменты.

«Где водятся волшебники… —
в фантазиях твоих,
С кем водятся волшебники… —
а с тем, кто верит в них…»
(детская песенка)

Мы придумали игру
Про волшебную страну,
Где живется весело,
Просто, интересно нам,

Как волшебники, мы можем
Все, что только захотим:
Захотим, семьей жить будем
Или в космос улетим.

Что нам стоит в мире нашем
Всех улыбкой наградить,
«Что нам стоит дом построить,
Нарисуем — будем жить».

Наши правила простые,
И легко их заучить:
«Если хочешь ты водиться —
Приходи ко мне дружить!»

Игривый месяц улыбается с небес.
Ну и зачем же ты так высоко залез?
Не сможем мы тебя совсем достать,
А нам хотелось бы с тобою поиграть.

Сначала на рожке твоем немного покачаться,
Потом его пришпорить и верхом кататься,
Все тучки в хмуром небе разогнать
И звездочки в корзинку собирать.

Мультики

Мы смотрели бабку-ежку,
Что с избой на курьих ножках,
И про то, как черный кот
Нам дорогу перейдет,
(И потом, чтоб ни случилось —
Будет полный рот забот).
Про Нафаню и ворону:
«Счастье — все когда есть дома».
А потом про Буратино
Про Пьеро и про Мальвину,
Славный Врунгель — капитан
Мчал нас через много стран:
Удивляла нас «Беда»
Приключеньями всегда
И, устав от мультсюрпризов,
Мы закончили девизом:
«Кто как яхту назовет —
Так она и поплывет...»

Чищу к празднику камин,
Чтоб пылал он жарко,
И чтоб складывал к нему
Дед Мороз подарки.

Чтоб пришел к нам Новый год,
Мы украсим елку,
И снежинок хоровод
Вывесим на полку.

И когда забьют часы,
Будем мы готовы
На двенадцатый удар
В чудо верить снова.

И Щелкунчик в принца
Вдруг преобразится,
Чтоб с мышиным королем
За добро сразиться.

Нас 12 месяцев
Выведут из леса,
Золушка останется
Навсегда принцессой.

Снежной королевы
Все растают чары,
А я вас тихонько
Сказкой укачаю.

* * *

Развесила бусы рябина,
Красою своею гордясь,
И клен приосанился, с гривой
Узорчатых листьев, как князь.

Еще далеко до дремоты
Унылых зимы вечеров,
И мне еще ждется кого-то,
Того, кто поймет все без слов…

* * *

Распустила осень косы
И пустилась с ветром в пляс,
Вот резвится, вот флиртует —
Влюблена она сейчас.

Лето солнышком поманит,
И отдаст своё тепло,
А зима бранится станет,
Чтоб поземкой замело.

Озорнице пересуды
Не страшны. Что ей молва?
Слушать осень их не будет —
Знает, что она права.

* * *

Разыгралась осень — рыжая плутовка
И метет оранжевым хвостом,
Тыквоцветом гонит прочь усталость,
Золотит все сказочным перстом.

Солнце, разливаясь теплым светом,
Щурит на закате рыжие глаза,
Рыжий кот, свернувшись, спит на пледе,
И гуляет ветер в рыжих волосах.

* * *

Серый день грустит о чем-то —
У него свои заботы...
Лужи — зеркала прикрыты
Льдом, как будто умер кто-то.

И унылые березки
Протянули ветки- лапки,
Жмутся голо — сиротливо,
Пряча льдинки — слезки — капли...

Ноябрь

Разделся лес — топорщится кустами,
Прижавшись зябко ежится лишь елка,
И хмурый дождик, припустив местами,
Бросает свои колкие иголки.

* * *

Весна, весна грядет, и будоражит
Ее пьянящий сердце дух,
Открылся глаз, и обострился слух,
И поворот — на новый взлет.
И, изменяя мыслей ход,
Я вновь впадаю в несерьезность,
Блуждающая, словно звезды —
Мне взрослость будет вся не в счет,
Весна, весна, весна грядет...

* * *

Какой морозный воздух утром вкусный,
Бодрит меня и яркую луну,
Но день поправки все ж внесет искусно,
Лучами солнца направляя на весну.

* * *

Виртуозностью момента
мир застыл, как огорошен —
Из-за ленты горизонта
солнце кралось осторожно...
Лишь секунды — все взорвалось
буйством света, жизни красок,
И куда-то испарился
слов твоих осадок сразу...

* * *

Влажные проталины глазеют,
Неба синь пронзительно звенит,
Только неуемный ветер веет —
Ветки на деревьях шевелит.

То пройдется снизу вверх упруго,
Раскачав со стоном все стволы,
Или налетит крылатым духом,
Будто распустив плаща полы.

То запустит руки, дуя, в кроны,
Сотрясая их в туземном танце,
А потом умчится прочь проворно
В голые поля веков скитальцем

Ударяет резко грудью о земь,
Словно хочет перевоплотиться,
Или наровит оковы сбросить,
И весне по-новому присниться.

* * *

Взлетаю ввысь над городом: весною
Все дышит, солнцем. Зелень веселит
Мой дух шальной, а прямо надо мною
Голубизна безоблачно звенит.

* * *

Утро: все исчезли тени,
Солнца брызнули лучи.
Счастьем дышит настроенье,
В сердце мне весна стучит…

* * *

Нежно-розовый рассвет
В небе ультрафиолета.
Солнце сквозь весну идет —
Чертит трафареты лета.

* * *

Шла она, и сиреневый воздух
Оставался печалью за ней,
Он грустил, что она несерьезна
В череде ей отпущенных дней.

Что из сердца напев бережливо
Превратит эту грусть в новый стих.
Воздух тронул сирень торопливо
И туманом над речкой затих.

* * *

День проснулся, умылся росою,
Щебет птиц вплел в листву тополей,
Солнце, радуясь лета настрою,
Улыбнулось простору полей.

И в мгновенье, слетев на прогулку,
Сдул туман озорной ветерок,
На прощанье сосну обняв пылко,
За собой свежесть утра увлек.

Зашептались цветы, и над лугом
В аромате их мерно жужжа,
Пчелы, сонно толкая друг друга,
Полетели в свой путь неспеша.

День широкие плечи расправил,
Окунул все вокруг в яркий свет,
Задышал горячо, зарумянил
Солнцем мир и послал мне привет.

Рояль

Бегут по клавишам, летают руки,
И наполняет звуком мир рояль,
В мгновенье не оставив след от скуки,
Или укутав в черно-белую печаль.

* * *

Храню я дни в воспоминаниях
И в файлы складываю сны,
Ведь каждый миг здесь, как свидание
С той тайной, что познать должны...

* * *

Нырну в глубины океана сердца,
Где геометрией пульсирует цветок —
Душа в сосуде тела — суть Умельца,
Который был и будет наш исток.

* * *

Крадутся мысли, словно тени из полумрака,
Хотят увлечь меня вновь в бездну безрассудства.
Поддаться им соблазн велик, однако
Боюсь оттуда будет не вернуться.

* * *

Пульсирует волной земля, зыбуча, как песок,
И исчезает вне пространства потолок —
И в неопределенности, безвременности бытия
Летит в другое то, мое другое «я».

* * *

Я сквозь эоны времени неслась,
И жрицей в Атлантиде родилась…

Меня влекут миры иные,
Я погружаюсь в этот сон —
Встают видения живые,
Калейдоскопом — ход времен:

Я в храм погибшей Атлантиды
Вхожу, дрожит Огонь свечи —
Он узнает меня, флюиды
Распространяются в ночи.

Я прохожу сквозь зал, чрез врата,
Стою босая на земле,
Я здесь была уже когда-то —
Энергия Земли во мне.

И Воздух движется струею,
Идет от моря (иль реки?),
А бирюза Воды волною
Ласкает берега пески.

Четыре важные стихии
Послушны мне в любой момент,
Мы — совершенные иные,
Я с ними — пятый элемент.

Чтоб созидать, лишь надо силу
У мысли взять, добавить чувство,
Любовью лишь душа красива,
И в чистоте — ее искусство.

Не надо знать язык иль лица,
А можно просто понимать,
И книги древних лемурийцев
Лишь руки наложив читать.

Толкает мысли сноп догадка —
Что сделать мы тогда могли,
Когда в пиру гордыни сладкой
Вдруг сдвинулась вся ось Земли?

Утрачены все знанья стали,
Низвергли нас в пучину вод,
Но шанс еще планете дали
Не сделать новый поворот...

Исчезли странные видения,
И я лечу через тоннель,
Заложит уши на мгновение...
Я дома, и звенит капель...

И сквозь нее звучат как эхом,
Далеким эхом голоса
Трепещут, угасая тихо,
И тают с солнцем, как роса —

«… Чтобы Вселенную украсить,
И дух планеты стал нетлен,
Вам, поколенью пятой расы,
Осталось только встать с колен…»

***

Дуальность — ловушка забытого времени,
Мы — то, что осталось от прошлого племени.
Из теплых постелей придется нам встать,
И вспомнить, кто есть мы, и круг разорвать.

***

В тишине утром мир успокоен,
И не видно — планета бурлит.
Перемены грядут, и настроен
На рывок в ее сердце магнит.

Ей дано от небес разрешенье
Возродиться для света из тьмы.
И свершится ее вознесенье,
Лишь решить нам: «А с нею ли мы?»

* * *

Осталось уж немного. Долгий путь
Прошли мы, чтобы к истине свернуть.

Осветяться все памяти углы,
Освободив от страха нас, от мглы.

Нам — на коня, и ногу — в стремя,
Ведь вспомнить все приходит время.

* * *

Из далеких времен, пробираясь из тьмы,
В воплощеньях аспектами выйду.
Их сложу воедино на стержень — и в Мы
Соберусь световой пирамидой.

* * *

Откуда занесло меня на Землю,
С какой звезды? Не знаю я пока.
Но каждой клеткой пульсу ее внемлю,
И локон мой — спиралька ДНК.

Земля

Сережки распустили тополя,
С весною начиная новый круг.
Вдыхает ветер перемен Земля,
Готовая омолодиться вдруг.

Она хранит истории времен,
Которые забыли все давно,
Не помним мы уже своих имен
И то, что изначально нам дано.

Она взрастила наши семена,
Пришедшие с далеких звезд миры,
И, всю себя нам подарив сполна,
Была свидетелем Большой игры:

Как чашами весов добра и зла,
Нам ночь и день сменяли времена.
Земля противоречия снесла,
Проснулась, улыбаясь, ото сна.

Стряхнув остатки бесполезных ссор,
И боль, и страх, оставив позади,
Мы прекратим бессмысленности спор,
Чтоб к изначальному опять придти.

Закончится борьба за свет и тьму,
Гармония заполнит души вновь.
Так решено не нами — быть сему,
Ведь во главе решения — любовь.

* * *

Птичкою веселой,
		феею лесной
Улечу я скоро
		в мир, где красотой
Полнятся явленья
		дивные, нет тьмы,
И где нет сомнений
		в том, что мир есть мы.

* * *

Фиолетовое время покоя —
Ранним утром в четыре часа
Я, любя, свое сердце открою —
Мне ответят светло небеса.

В резонансе со мною планета
Свою песню любви запоет —
И проснутся носители света,
Вековой сбросив тени налет.

* * *

Люблю души своей полеты,
Во сне они иль наяву,
Лишь как летают самолеты
Никак, признаться, не пойму.

* * *

Когда замрет последний звук,
И слышен только сердца стук,

Я частоту души включу
И вверх, как птица, улечу.

Все выше, выше мой полет
Синь неба манит и зовет,

И вот планеты шар цветной
Пульсирует внизу живой.

Земля родная, словно мать,
Ее так хочется обнять.

С Любовью простираю руки —
Мне отвечают те же звуки.

Я не одна в полете, вдруг
Мы образуем плотный круг.

В своем желании Любить
Тот круг становится как нить.

А нить сплетает сеть Земли
Из Света, Счастья и Любви.

И сеть та крепче, чем гранит,
Она планету нам хранит.

И, Бог — свидетель, эту нить
Никто не может погубить.

Геометрия

Геометрия пространства,
Геометрия времен…
Я бежала в ней по кругу
И искала, где же он.

Попадала в треугольник,
Остротой колясь углов,
Я учила, будто школьник,
Геометрию основ.

А потом я разомкнула
Этот круг, и став лучом,
Устремилась в бесконечность —
Все мне стало нипочем.

Ну а с ним мы параллельны
В геометрии мотиве
Так, что пересечься сможем
Лишь в далекой перспективе.

* * *

Дорога верстами, столбы и ни души…
Живу, как в заколдованной тобой глуши —
Куда б мне ни поехать, ни пойти,
Пути ведут туда, где только ты…

* * *

Добрым станет пусть тебе —
день,
И поставишь всем другим —
мат,
И уйдет с души твоей —
тень,
Будешь дочке ты своей —
рад.

* * *

Кругами по воде
И мыслями в эфире
Лечу я вдаль и вширь…
Но я в своей квартире.

Лишь капает вода
И душный воздух густ.
Любовь мне — как беда,
Ведь без тебя мир пуст.

Полет

Я взмываю вверх спиралью штопора,
Шлейфом серебря свои лучи,
Мне навстречу свет рекою, рупором —
Тихо… и светло, как днем, в ночи.

Это неземное наслажденье —
Искупаться в свете, в нем летать
И Любви поток — небес творенье,
Людям постоянно отдавать.

Я пошлю свои лучи по свету
Всем, кого любила и люблю —
Всех согрею я, ведь в мире этом
Помню всех я и за всех молю…

* * *

Крик в ночи — проснулась, сердце бьется,
Тишина, застывший профиль сосен…
Как стрела, остаток сна ворвется,
Виновато где «прощай» ты бросил.

Я себя уговорю: лишь снилось,
Что тебя теряю навсегда,
Но предчувствие души уж сбылось —
Ты ведь все решил, но не сказал мне… да?

* * *

«Стань вселенной, чтобы я понял вечность,
Стань землею, чтобы понять добро,
Будь последней, кто шел ко мне навстречу,
И раздай по пути все свое серебро...»
Из песни

На дворе поземка закружила в гневе,
И попал ты в царство к Снежной королеве.

Думаешь — довольно, столько раз обжечься...
Лучше заморозить там себя навечно.

Но Ангелы решили, что еще не вечер
И послали в небе нам непутевым встречу.

Я тебя согрею, точно Герда Кая
И все льдинки в сердце у тебя оттают,

Будешь ты любимым и не только мной,
Попадешь и сам ты в пыл любви земной.

И поймешь тогда ты, что верна дорога
К очагу, там, где тебя встречают у порога.

* * *

Месяц крался по пятам в окне.
Обходя со мною старый дом,
Подступало прошлое ко мне
Скрипом половицы за углом…

И взметнулось пламя-полымя,
Показав как в фильме жизни миг,
Где любила я, судьбу кляня,
И монашкою ждала постриг.

Ты меня с собою не позвал —
Я укрыла сердце глубоко,
Монастырский есть в душе подвал,
Путь к нему далече-далеко…

Бабушкино зеркало в углу
Отразило измененный лик
Мой и твой мгновением сквозь мглу,
И исчез ты так же, как возник.

* * *

Помолчи — хочу тебя услышать,
Помолчи — не надо говорить.
Тишина поможет, горе выжав,
Все обиды в прошлом растворить.

* * *

Подарит осень дивный вечер,
Багрянец листьев сквозь лучи
И ощущенье: мир наш вечен,
Как звезд мерцание в ночи.

И отзвук сердца в понимании,
Что знаю я тебя века,
Что мы любили в прошлом знании,
А здесь лишь встретились пока...

Мы были матерью и сыном,
Иль жили братом и сестрой.
Для душ Любовь всегда едина —
Друзья навек иль муж с женой.

Судьба ль поманит в жизни этой
Соединить свои сердца,
Иль ждать веками нам ответа,
Чтобы познать все до конца.

Лишь безошибочным предчувствием:
«Мы встретимся в пути опять...»
Как связь времен нам наше чувство
Уж невозможно потерять.

* * *

Предчувствия жгли пламенем огня —
Легко ты выкрал сердце у меня,

И бровью не повел. Мне просто было
Тепло после зимы унылой.

Ты с хрупкою игрушкой поиграл,
Но в сердце том любви не распознал,

Она пылала, горяча, как кровь,
Ты был неловок и разбил любовь...

Как в сказке, все осколки соберу,
Поворожу, поплачу, но к добру

Отправлю с ветром их по свету я,
Чтоб полнилась любовью вся земля,

Чтоб в души попадали те осколки
И грели всех любовью долго-долго.

* * *

Моросящие дожди
Заунывны и протяжны,
Как скупое: «подожди»,
Я старалась быть отважной...

Ожидание, как сон,
Сон, в котором я приснилась,
Сколько минуло времен,
Слез, пока я пробудилась
От тебя...

* * *

Прозрачен лес от края и до края —
Деревья разом сбросили листву.
Я с ними, как нагая и босая,
Стою и не противлюсь естеству.

Сказала все, как спрыгнула с обрыва,
И сердце рухнуло в момент, как с высоты,
И холодом в спине тоска заныла,
В лед превращая все мои мечты.

Я не смогла любить и не открыться,
Мне не унять такой огонь в груди!
Как счастьем мне с тобой не поделиться?
Теперь как хочешь ты меня суди...

Какая есть я — не хочу лукавить.
Ты честен был со мной, и я — в ответ.
Прими такую — уж нельзя исправить,
Или скажи мне просто слово «нет».

* * *

Я множества вещей не понимаю,
И многого уж может не пойму.
Зато я чувствовать могу, и иногда тебя так знаю,
Как неизвестен ты себе и самому...

* * *

Твой дух опять пришел ко мне
И растворился в полумраке,
Оставшись шепотом во сне
И словом грусти на бумаге.

В ночи всегда я узнаю,
Тебя — нежны любви объятья,
Но наяву мечту свою,
Смогу ль когда-то повстречать я...

* * *

И зачем ты приходишь опять,
Прижимаешься теплой щекою?
День упрямо потом тянет вспять,
Не желая расстаться с тобою.

И реальность твоя лишь в ночи
Миражом, дымкой тает в рассвете.
Но я знаю тебя, изучив,
Ты родной, как родителям — дети.

* * *

Ты сердце запер в клетку на замок,
Чтобы открыть никто уже не смог.
Не тешь себя, что ключ ты не оставил —
Играем все мы здесь, не зная правил.

Тот, кто ведет нас, мудр и могуч,
И у него всегда для всех есть «мастер — ключ».
Когда-нибудь ты окунешься в синюю купель,
Оставив боль от тысячи прощаний и потерь.

И вспомнится тогда твоя слеза
И аиста убитого глаза.
Любовь накроет, в сердце растворится —
Тебя спасет подстреленная птица.

* * *

«А в августе зацвел жасмин,
И в сентябре — шиповник,
И ты приснился мне — один
Всех бед моих виновник».

А. Ахматова

Ты снился мне,
«всех бед моих виновник»,
И за руку держал,
«Не бойся, это я», — сказал.

* * *

Увидеть мир твоей душою —
Цветами, пахнущими в поле.
Вдруг в ритме танго «portuguese»
С ней вместе в дали унестись.

Потом залюбоваться с нею
Закатным небом иль луной,
Туманным лугом, тьмой аллеи
Иль тишиной зимы немой...

Восточная сказка

«Давным-давно случилось это,
Или во сне приснилось мне:
Царь ли, визирь с победой едет,
Гарцует на лихом коне.

И принято, как на Востоке,
В шатре уже вино рекой,
Взметнулись в танце женщин руки,
И слышен барабанов бой.

Визирь красив, и молод, и удачлив,
Глаза горят, доволен он собой.
Поход оплачен, и народ весь счастлив —
С добычею вернулся он домой.

Из вновь плененных женщин чьи-то руки
Вдруг выхватили лишь одну — судьба...
Традиция ведет ее на муки:
Привязана к столбу, в глазах мольба..

В азарте славы гордый победитель
Торопится свершить обряд скорей —
Кинжал в руке, шаг, поворот- смотрите!
И замер удивленно взгляд на ней...

Глаза в глаза — какое-то мгновенье
Решило все, клинок упал, звеня.
Иное принято вождем решенье —
Она уходит, красотой маня.

Ее ведут в покои дорогие,
Туда, где блеск и роскошь режет глаз,
И одевают в шелк наложницы нагие —
В достойную оправу сей алмаз.

Ночь, благовоньями наполнив,
Сменила вечер, наконец,
В тиши гарема светом молний
Сверкал в свечах ее венец.

Вошел он осторожней мыши,
Боясь спугнуть ее дыхание,
И стало для него все лишним,
Все, кроме счастья обладания.

И поцелуй сорвал различия,
А страсть все враз перекроила —
Та ночь была Любви величием
И путь друг к другу им открыла.

Магометанский месяц в воду
Смотрел, понятен был без слов
Им, что не терпит переводов,
Любви язык, язык основ.

Тем чувством новым удивленный,
Он разбудил ее в ответ
Ее душа вдруг стала вольной,
Связав судьбу на много лет

лишь с ним. Проносит время годы,
Своих течений резвый бег,
Три сына — продолженье рода
Скрепили их союз навек.

И вновь визирь в поход, в дорогу,
Он строен и силен, но сед,
А сыновья ему в подмогу —
Лишь под копытом пыльный след.

Она стоит, в путь провожает,
Вглубь спрятав слезы до поры,
И их уж еле различает
Глаз голубой из-под чадры...»

9
73
51

В той жизни я почти убила,
Тебя спас мне последний миг,
Судьба мне в этой отомстила —
Твой меч моей души достиг.

* * *

Вчера пришел мой Ангел повидаться
И нашептал магические коды:
«… — с их цифрами судьба должна меняться —
Они ведут сквозь все земные годы.

Число рожденья, номер телефона
И номер дома, там, где ты живешь,
И времени цифирные законы
Покажут путь, которым ты идешь…»

Число связует мир, что видим нам,
С Божественным, извечным миром, тонким,
Мы вторим эхом числовым волнам —
Вибрируем, как в ухе перепонка.

Все тайные мистерии творений,
Вселенной ритм, земное ремесло,
И знанья прошлого, включая древних,
Основа Сущего — единое число.

День Ангелов

Мне Ангелы снова спустились на плечи,
(Я с радостью жду эти важные встречи),
Они для меня в море жизни — маяк,
Хранят на земле они каждый мой шаг.

А несколько их у меня потому,
Что было б не справиться здесь одному,
Со мною всегда им работа найдется
И, как говорится, «скучать не придется».

Приставлены были хранить день и ночь
Своей подопечной, а если не в мочь
Тогда лишь немного вмешаться советом,
Да так, чтоб потом я узнала об этом.

Теперь только знаю, в какие моменты,
(Я вижу их будто монтаж киноленты),
Вздохнув, они жизнь мою снова спасали —
Покой, в общем, снился со мной им едва ли.

Незримо ступают за мною повсюду,
Я к ним так привыкла, и вовсе не чудо
С утра поприветствовав их, пообщаться,
А после земными делами заняться.

Подтрунивать любят они надо мною,
Картину судьбы не нарушив, не скрою —
Их шутки совсем для меня не опасны,
Но юмора чувство так своеобразно.

Сегодня душа моя прыгать готова,
Как мячик в груди моей, снова и снова,
Они знают это, в таком настроении
Опять будем что-то творить с увлечением.

И солнышком утром блеснув из-за тучки,
Они улыбнулись мне: «Верь, будет лучше,
Исчезнет совсем из души твоей тень».
Сегодня — их праздник, сегодня — их день.

* * *

Насупилось время — не хочет мне верить,
Что чувства могу я словами измерить.
Текучесть его нарушаю я строчкой,
Колышется парус мой в нем одиночкой.

Но знает оно, я давно догадалась,
Лишь солнечный ветер подует — мой парус,
Как крылья, расправится и без помехи
Легко сдвинет мудрого времени вехи

Смягчится тогда вечный строгий дозорный,
Услужливо мне изогнув свои волны,
Я, как проводник, меж времен связью буду
Для тех, кто по-прежнему верует в чудо.

Встреча

Сегодня встретилась я со своей душою,
Она так ласково смотрела на меня
И обняла нежнейшею волною,
Свой показала дом. Меня храня,

Она явилась чинною старушкой,
Но взгляд был молод с искоркой огней,
Посетовала, что в ее избушке,
Как ветер, гасит свечи кто-то ей.

Повадился задуть, когда в молитве
Стоит она там, голову склоня.
«А может это ты?» — спросила хитро
И весело взглянула на меня.

«Наверно, я случайно их задула,
Но свет хранить я все же научусь...»
Она же наклонилась и шепнула:
«Ты знаешь, я и в темноте молюсь.»

Я любовалась домом с расстоянья,
Его я знала, был он мне знаком
И тишиной, и тайной покаянья,
И каждым в нем распахнутым окном.

И веяло оттуда чем-то близким,
Родным и будоражащим слегка,
И я затихла, утешаясь мыслью,
Войду туда когда-нибудь я, а пока

Меня старушка в путь благословила,
Не пригласив сегодня на порог.
Я верю, будет дом еще красивей,
Когда вернусь я в отведенный срок.

Я не хочу, я не хочу
Задуть надежду, как свечу…

«Меня зовут Бахарвахаат…»

Споткнусь о прошлое — числом,
О музыку немую — лбом.
Вновь в альфа-уровень уйти —
Водитель первой тройки Ты,
Расправишь простынею путь:
«Вперед, познай всей жизни суть…».
И в замысле моем с Тобой
Соединюсь сама с собой.

Я — дома

Шурша накатывают пеной волны,
Перебирая золото песка,
И неба ширь простерлась сводом вольно,
И моря синь под солнцем далека…

Бегу по берегу я в белом платье,
Мне волосы ласкает ветерок,
И распахнула я свои объятья,
Чтоб мир обнять — он близок и далек…

Блуждает на губах моих улыбка,
Искрятся счастьем серые глаза,
И в беге исчезает берег зыбкий,
И греет сердце моря бирюза.

* * *

Мысли носятся, толкаясь,
Набегают как волна.
Карандаш не успевает
Их записывать сполна.

Хочется, конечно, все их
До бумаги донести.
Ну, а если что забуду,
Ты не обессудь — прости.

* * *

Бегут у времени часы вприпрыжку,
Укладывая жизни разнодневность,
И как угомонить все это в книжку,
Все всполохи души, их безразмерность…

И слог так неуклюж, нелеп местами,
Так ограничен и тяжеловесен,
Что невозможно выразить словами
В душе моей звучащих чувством песен.

Быть может, в совпадении случайном
О строчку чей-то взгляд, скользя, споткнется,
Откликнется душа, и рифмы тайна,
По-своему в ней чувством отзовется.

* * *

Откуда падают все строчки,
Как снег на голову мою?
И не могу поставить точку:
«Остановитесь,» — я молю.

И выпадаю я из жизни,
И карандаш находит такт,
Торопят строчки с укоризной —
Пишу. Но, видно, все не так…

* * *

О, Муза, кто ты мне, подруга?
Мне облегченье для души?
Или докучливая скука,
Что точит мне карандаши?

То ты меня средь ночи будишь,
И разрешенья не спросив.
Моей рукой часами водишь,
В такт напевая свой мотив.

Порой заглянешь ты украдкой,
И подмигнув, исчезнешь с глаз.
А то возьмешь железной хваткой —
Забудешь день иль ночь сейчас.

И шепчешь, как суфлер, мне в ухо,
Читая прямо из души,
И как назойливая муха,
Жужжишь: пиши, пиши, пиши…

* * *

Рифмомысли в ритме танца
Начали опять свой пляс,
Никуда не убежать мне,
Не отделаться от вас.

Читая классиков

Я в восхищении немею
От слога виртуозности,
Я права даже не имею
К бумаге руку поднести.

И нет метрической системы
Измерить чудо из чудес,
Как в рифме оживает время,
Как дух со словом вновь воскрес.

* * *

Спустилась Муза так тиха,
Неся мне хрупкое искусство,
Чтоб выразить глубины чувства
Столь сложной простотой стиха.

* * *

Стихи, как кофе, убегают
Или пекутся, как в духовке утка:
С одними — нужно время,
С другими — лишь минутка...

* * *

Стихи пишу — какая блажь,
Они приходят, как мираж,

До края заполняя душу,
И невозможно их не слушать.

Они — попытка в словоформе
Танцуя, сердца ритм запомнить.

* * *

Структура чувств настолько зыбка,
неуловима и легка,
Как мимолетная улыбка,
иль дуновенье ветерка.

Хочу их пульс, полет запомнить,
запечатлеть стараюсь их —
Слова рождаются, как волны,
строкой укладываясь в стих.

* * *

Когда забрезжит утро светом,
Но не сошла еще роса,
Звучат в душе стихи ответом,
Как из Вселенной голоса.

* * *

Я ограничена в пространственном значении
И в сумашедшем времени течении,
И хоть ограничений нет на самом деле,
Здесь и сейчас я ограничена вот в этом самом теле.

Раздвоенность в едином — жизни пытка,
Смиряясь и любя, сей крест нести,
Стихи — лишь неуклюжая попытка
Моей душе свободу обрести.

* * *

Вот взяла листок бумаги,
наточила карандаш я,
И совсем как Фара Фоссетт
сдула стружку с острия,
Ангелы всегда со мною,
это все, что нужно мне,
У меня — бои с собою,
слог — мое оружие.

* * *

Изломом боли ухожу в пике,
Мне все равно уже как падать низко,
И не хочу я собирать те мысли,
Что пробираются к строке.

Уже не вижу в скорости пожар,
Как вдруг звенят внутри колокола,
Тихонько и спокойно — «не пора»,
Купелью ледяной снимая жар.

* * *

Как вычертить сомнения в душе,
каким карандашом…
О чем я буду петь во тьме —
о том,
Что воздух уплотнился,
перестал дышать,
В нем мыслечувства рыбками
плывут ко мне опять.
Они пытаются пробиться
сквозь завесы сеть
И докричаться ртом немым
хотят успеть…
В пространстве времени
или его вовне
Неразграничены мы с ними
лишь во сне.

* * *

Для чего, скажи, секрет открой,
Эти изощренные страданья —
Чтобы выплеснуть потом на лист немой,
Иль внести в копилку мирозданья?

Не ропщу. Должна я все стерпеть.
Мне и так дано в пути земном немало,
Но душа-то просит жить и петь
Без ограничения накала.

Ведь закон Твой: от любви — любовь,
Я как часть Твоя ему подвластна.
Мне же достается только вновь
Боль, но даже в ней с тобой согласна.

Кто сложил мозаику судьбы?
Ты — во мне, или все я, как Ты?
Чтобы обжигаться вновь и вновь,
Все забыв, опять впадать в любовь.

* * *

Умираю без любви, пропадаю,
Обретая лишь ее я летаю.
Мне ползет за воротник стужа,
И зачем все это мне нужно?
Уложу всю боль свою в строчки,
Чтоб затихла где-то на точке.

* * *

Люблю тебя… как жаль —
Ни дать, ни взять, ни счастья пожелать…
Зачем, кому угодно было
Меня с таким уделом обвенчать?

Чечеткой сердце отбивает ритм,
И карандаш за ним бежит вприпрыжку,
И всполохи моих душевных битв
Строкою лишь угомонятся в книжку.

* * *

Приходит в сердце каждый стих
касанием природы,
И лаконичностью он тих,
и полон сил свободы.

* * *

Стихи ль несут меня по свету,
Бегут, как я, строка к строке,
Иль жизнь моя так рикошетит,
В них отражаясь, как в реке.